U0577373

# 完美执行

姜正成 编著

中华工商联合出版社

图书在版编目（CIP）数据

完美执行 / 姜正成编著. —北京：中华工商联合出版社，2018.6

ISBN 978-7-5158-2295-2

Ⅰ.①完… Ⅱ.①姜… Ⅲ.①企业管理—通俗读物 Ⅳ.①F272-49

中国版本图书馆CIP数据核字（2018）第087390号

## 完美执行

作　　者：姜正成
责任编辑：李　健
装帧设计：张　雪
版式设计：姚　雪
责任审读：郭敬梅
责任印制：迈致红
出版发行：中华工商联合出版社有限责任公司
印　　刷：北京市通州大中印刷厂
版　　次：2019年1月第1版
印　　次：2019年1月第1次印刷
开　　本：710mm×1000mm　1/16
字　　数：186千字
印　　张：16
书　　号：ISBN 978-7-5158-2295-2
定　　价：49.80元

服务热线：010-58301130
销售热线：010-58302813
地址邮编：北京市西城区西环广场A座
　　　　　19-20层，100044
http://www.chgslcbs.cn
E-mail: cicap1202@sina.com（营销中心）
E-mail: gslzbs@sina.com（总编室）

工商联版图书
版权所有　侵权必究

凡本社图书出现印装质量问题，请与印务部联系。
联系电话：010-58301408

　　"执行"是我们常用的管理词汇之一。无论是企业家，还是政府官员，在谈到战略规划和任务实施时，一定要再三强调"执行"。企业家认为"没有执行，一切都是空谈"，政府官员提出"执行是政府工作的生命力"。

　　"执行"为何如此重要？什么是"执行"？究竟如何做才能打造高效的执行体系呢？

　　这就是本书要说的。执行不需要借口，不需要理由。一个人要成就一番事业，就不能找任何借口。借口会帮你开脱责任、掩饰失误，使你从失败与挫折中得到暂时的慰藉。各种借口造成的消极心态，会毒害人们的心灵，并且造成互相感染和影响，极大地阻碍着人们潜能的正常发掘，使人未老先衰，丧失斗志，消极处世。借口可以说是无处不在，只要你去找，就能为不去执行找出一大堆的借口。所以，要提高执行力，必须抛弃一切借口，坚决执行。

　　再好的战略、再科学的管理措施，都需要有效的执行才能得以实现。完成任务不打折扣，这是对提升执行力的基本要求。我们要远离借口，百分之百地执行，只有这样才会获取成功！

# 目　录

## 第一章　不找借口，坚决执行

　　"不找任何借口"，乍一看，我们会产生一种刻薄冷漠的感觉，似乎这是在告诉我们对上级要求应无条件服从，不能寻找任何理由作借口。可实际上，它是在告诉我们要想尽办法去完成任何一项任务，而不是为没有完成任务去寻找借口，哪怕是看似合理的借口。我们在完成各项工作时，不能仅限于尽心尽力，而应全力以赴。

## 第二章  绝不拖延，马上执行

　　拖延会使任务在最后期限内无法完成，所以要完成任务，就应该克服拖延的习惯，马上执行任务。执行任务不拖延，就是要在最短的时间内完成任务。

## 第三章  认清责任，推动执行

　　责任感是一个人对待工作应有的态度。责任感的强弱决定了这个人对待工作是尽职尽责还是敷衍了事，从而决定他工作成绩的好坏。只有把责任感放在第一位，才会责无旁贷地承担起任务，然后千方百计地完成任务。

# 第四章　减少抱怨，快速执行

　　上下班途中，我们经常会听到很多人在抱怨自己的工作、自己的同事，甚至是自己的上司。听别人抱怨的同时，你是否也曾有过相同或相似的抱怨呢？其实我们大可不必这样。抱怨只能得到他人的一些宽慰，使不满情绪得到暂时的缓解，但是持续的抱怨会使人在思想上产生动摇，进而产生敷衍了事的想法。

# 第五章 及时复命，高效执行

在日常工作中，"差不多"既是不负责的态度，也是不严谨、考虑不周全的表现。要想把工作执行到位，就不能有任何"差不多"的想法和行为出现，否则就会"差之毫厘，谬以千里"！执行到位不仅体现着员工的竞争力，也体现着公司的竞争力。

# 第六章 遵守规矩，执行制度

我们应该注重建立制度，提要求，立规定，下文件，同时更不能忽视制度的执行情况。现如今，由于对理论研究不深入，对策落实不多，反馈评估不通畅，导致很多制度的执行没有达到预期成效，这些都是不争的事实，需要我们认真反思，并找出解决问题的方法。

# 第七章　讲究策略，柔性执行

　　讲究策略的意义在于做正确的事情。有效的执行力来源于正确的策略，有好的策略才能提升执行力。好的策略既能促使执行过程的有效进行，更是个人能力的体现。

# 第八章　缩减成本，精细执行

　　成本是企业发展的基础。现如今节约成本不仅体现在资金运用、软硬件开发上，还体现在人们节约成本的意识上。在实际工作中，运用科学的手段充分利用有限资源，减少资源内耗是缩减执行成本的最终目标。

# 第九章　协调配合，共同执行

当今社会，竞争日趋紧张激烈，在很多情况下，单靠个人已很难完全处理好各种错综复杂的问题并采取切实高效的行动。这就需要人们建立合作团队来解决错综复杂的问题，并进行必要的行动协调，依靠团队合作的力量创造执行奇迹。

# 第十章　给出成果，落实执行

落实和执行是相对于目标和成果而言的行动。在目标和成果之间，有一个重要的转换器——行动。任何好的想法，只有通过行动，才有可能变成现实。

# 第一章

## 不找借口，坚决执行

"不找任何借口"，乍一看，我们会产生一种刻薄冷漠的感觉，似乎这是在告诉我们对上级要求应无条件服从，不能寻找任何理由作借口。可实际上，它是在告诉我们要想尽办法去完成任何一项任务，而不是为没有完成任务去寻找借口，哪怕是看似合理的借口。我们在完成各项工作时，不能仅限于尽心尽力，而应全力以赴。

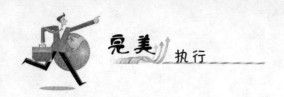

# 找借口就是不认真

　　一个具有强烈责任感的员工会把寻找借口的时间和精力用到工作中去，努力去实现目标，敢于承担责任。事实上，每一个借口都暗示着自己的懦弱与不负责任。

　　我们在工作中总会遇到困难和压力，只有开动脑筋想办法，迎着困难闯过去，才是有效的应对之策。有句谚语说："无能的水手责怪风向。"找借口，还是迎难而上，是懦夫与勇士的区别，也是失败者与成功者的区别所在。

　　借口还是制造失败的温床。有人曾说："99%的人之所以做事失败，是因为他们有找借口的恶习。"再妙的借口对于解决问题本身也没有丝毫的用处。人生中的许多失败，就是那些麻痹我们意志的借口造成的。如果你立志要让自己赢在将来，那么从现在开始就不要再为自己的失败寻找任何借口。

　　美国某公司董事长保罗·查来普说："我警告我们公司的人，如果有谁做错了事而不敢承担责任，我就开除他。因为这样做的人，显然对我们公司没有足够的兴趣，而且这也说明这个人缺乏责任心，根本没有资格成为我们公司的一员。"

　　就长远来看，习惯于找借口的人所付出的代价非常大，因为这会让人掩耳盗铃，不去寻求失败的真正原因。一个令我们心安理得的借

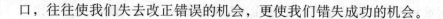

口，往往使我们失去改正错误的机会，更使我们错失成功的机会。

福特汽车公司的创始人亨利·福特，在制造著名的V8汽车时，明确指出要造一个内有八个汽缸的引擎，并指示手下的工程师们马上着手设计。

但其中一个工程师却认为，要在一个引擎中装设八个汽缸是根本不可能的。他对福特说："天啊，这种设计简直是天方夜谭！以我多年的经验来判断，这是绝对不可能的事。我愿意和您打赌，如果谁能设计出来，我宁愿放弃一年的薪水。"

福特笑着答应了他的赌约："尽管现在世界上还没有这种车，但无论如何，我想只要多收集一些资讯，并将它们加以分析，这种车是完全可以设计并生产出来的。"后来，其他工程师通过对全世界范围内的汽车引擎资料加以收集、整理，精心设计，不但成功设计出八个汽缸的引擎，还将其正式生产出来了。

那个工程师只好对福特说："我愿意履行自己的赌约，放弃一年的薪水。"

此时，福特严肃地对他说："不用了，你可以领走你的薪水，不过看来你并不适合在福特公司工作。"

这位工程师仅仅凭借自己现有的知识和经验就妄下结论，一味地找借口，而不是去积极主动地广泛收集相关资讯，寻找可能的方法，这是他失败的根源。成功者寻找方法，失败者寻找借口。一味找借口而毫不思考方法的人，他未来的人生之路必将困难重重。

其实，每一个借口的背后，都有我们无法推卸的责任，只是我们不好意思说出来，甚至根本就不愿说出来。借口让我们暂时逃避了

困难和责任，获得了些许心理上的慰藉，但是找借口的代价却无比高昂，它给我们带来的危害一点也不比其他任何恶习少。

一个遇事喜欢找借口的人，在面临挑战时，总会为自己未能实现某种目标找出无数个理由。而成功者大都不善于也不需要寻找任何借口，因为他们会为自己的行为和目标负责，也能享受由自己的努力而获得的成果。

实际上，几乎所有的失败者都有"失败者的借口"，比如家庭、性格、年龄、环境、学历、老板、健康、运气等，从来没有人说："我的失败是自己造成的。"然而，这句几乎没人会承认的话，却是世间的真理。

认真工作的人从来不找借口，他们有毫不畏惧的决心、惊人的毅力、完美的执行力；他们有坚定的信心和信念，坚决按标准完成自己的工作任务，即使遇到困难和挑战，也往往将其作为工作的乐趣所在。

在现实工作中，很多员工都只知道抱怨公司，却从不反省自己的工作态度。在我们周围，经常可以听到这样的话语："这份工作真的是无聊死了，不想再继续干下去了。""天天做着同样的一件事，真枯燥。""哎，真羡慕别人，坐在办公室里，而我却要冒着烈日在外奔波，老天真是不公平。"结果，在抱怨声中，他们失去了工作的动力，不能全身心地投入工作，也就更不可能在工作中取得斐然的成绩。

无论你做什么工作，无论你所处的工作环境是松散还是严格，你都应该认真工作。不要老板一转身就开始偷懒，没有监督就不工作。你只有在工作中锻炼自己的能力，使自己的素质不断提高，加薪升职的事才能落到你的头上。

认真工作是提高自己的最佳方法之一。你可以把工作当作学习机

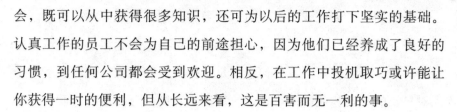

会，既可以从中获得很多知识，还可为以后的工作打下坚实的基础。认真工作的员工不会为自己的前途担心，因为他们已经养成了良好的习惯，到任何公司都会受到欢迎。相反，在工作中投机取巧或许能让你获得一时的便利，但从长远来看，这是百害而无一利的事。

你没有必要为了一些小事天天抱怨，白白浪费大好的学习机会。珍惜眼前的工作机会，认真工作才是真正的聪明。

认真，是一个需要养成的好习惯，因为这种习惯意味着你具有了职场竞争中最可靠的"硬实力"。

具备了这种习惯，即便是辛苦枯燥的工作，你也能从中感受到价值和乐趣。你会发现，在你完成使命的同时，成功之芽也正在萌发。

 ## 执行不需要任何理由

在现实生活中，我们所缺少的正是坚决执行的精神。上班迟到了，有人会以"家中有事"、"家里的闹钟停了"或者"交通堵塞"为借口；工作没干好，会以"任务过重"、"身体不适"等为借口。当生活中有了问题，特别是一些难以解决的问题，我们首先想到的不是勇敢地去承担责任，去面对问题，去更好地解决问题，而是想方设法地为自己的过失寻找或多或少、或合理或不合理的借口，目的都是推卸自己的责任，为自己的过失开脱。借口成了一面挡箭牌，这本身就是不负责任，缺乏责任心的表现，长此以往有害而无益。因为有各种各样的借口可找，就会疏于努力，不再想方设法去争取成功。

　　一个团队，要完成上级交付的任务就必须具有强大的执行力。接受了任务就意味着做出了承诺，而兑现不了自己的承诺是不应该找任何借口的。可以说，不找任何借口是有执行力的表现，这体现了一个人对自己的职责和使命的态度。思想影响态度，态度影响行动，一个不找任何借口的人，往往是一个执行力很强的人。

　　巴顿将军在他的战争回忆录《我所知道的战争》中曾写过这样一个细节：

　　"我要提拔人时常常把所有的候选人召集到一起，给他们提一个我想要他们解决的问题。我说：'伙计们，我要在仓库后面挖一条战壕，8英尺（1英尺=0.3048米）长，3英尺宽，6英寸（1英寸=2.54厘米）深。'我就告诉他们这么多。我有一个有窗户或有大节孔的仓库，候选人正在检查工具时，我走进仓库，通过窗户或节孔观察他们。我看到伙计们把锹和镐都放到仓库后面的地上，他们休息几分钟后开始议论我为什么要他们挖这么浅的战壕。有人说6英寸深还不够火炮掩体，其他人争论说，这样的战壕太热或太冷。有的还是军官，他们会抱怨自己不该干挖战壕这么普通的体力活。最后，有个伙计对别人下命令：'让我们把战壕挖好后离开这里吧，那个老家伙想用战壕干什么都没关系。'"

　　最后，巴顿写道："那个伙计得到了提拔，我必须挑选不找任何借口完成任务的人。"

　　不找任何借口是执行力强的表现之一，无论做什么事情，都要记住自己的责任，无论在什么样的工作岗位上，都要对自己的工作负责。工作有时就是不找任何借口，去努力执行，达成目标。只要你还

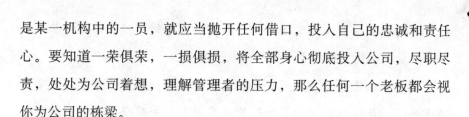

是某一机构中的一员，就应当抛开任何借口，投入自己的忠诚和责任心。要知道一荣俱荣，一损俱损，将全部身心彻底投入公司，尽职尽责，处处为公司着想，理解管理者的压力，那么任何一个老板都会视你为公司的栋梁。

无论干什么工作，都需要这种不找任何借口去执行的人。无论做任何事情，都要谨记自己的责任和目标，更应记住自己的承诺，不要用任何借口来为自己开脱，完美的执行是不需要任何借口的。

借口不是理由，执行才是真理。美国通用电气公司前首席执行官杰克·韦尔奇曾经说过："在工作中，每一个人都应该发挥自己最大的潜能，努力工作，而不是耗费时间去寻找借口。因为公司安排你在某个岗位上，是为了让你解决问题，而不是听你那些关于困难的长篇理论。"他的话道出了很多老板的心声。

对于员工来说，执行力直接决定着工作的结果。可以说，对于工作，就应该不找任何借口地去执行。

1898年，美国和西班牙因为古巴的独立问题发生了战争。美西战争爆发后，美国必须跟古巴的起义军首领加西亚将军尽快取得联系。可是加西亚将军一直隐蔽在古巴山区的丛林里，没有谁能够知道他的确切藏身地点，所以无法带信给他，而美国总统需要尽快得到他的协助。

美国军事情报局的负责人问瓦格纳上校："我去哪可以找到一个能够把信送给加西亚的人呢？"

有人推荐了一位叫罗文的年轻中尉："罗文有办法找到加西亚，也只有他才能把信送给加西亚。"

"好，那就马上派他去！"瓦格纳命令道。

　　他们把罗文找来，交给他一封写给加西亚的信。罗文把信放入一个油纸袋中，简单收拾了一下行装就上路了。

　　至于罗文怎样从华盛顿坐火车出发，怎样一路千方百计、千辛万苦地找寻，最终把信送到了加西亚将军手中，并获得了美国所需要的军事情报，这一切现在看来都不重要了。重要的是，罗文接到这个使命以后，并没有问："加西亚在什么地方？我到哪里才能找到他呢？万一找不到他怎么办？"

　　罗文是一个不找任何借口、一心一意干好自己工作的人。这一路上，他的领导始终不在，他可能会遇到很多问题、很多困难、很多危险，一切都要靠他自己去解决。这种自主自发解决问题的精神和克服一切困难的勇气是他成功的保证，而这种勇气和信心来自他对事业的忠诚，来自他内心涌动的必胜的信念。

　　世界上有各种各样的使命，我们每个人要完成使命，就应当担当起责任。只有具备坚强的意志、坚定的信念、坚毅果敢的精神和集中精力做好每一件事的能力，才能成功。不要找任何借口，执行你的任务，用心去做自己的工作，你一定会成功。

　　做出决定，采取行动。成功是1%的灵感加99%的汗水，如果你落实了行动，你就能够做到，执行不需任何借口。

## 如何做到没有任何借口

　　寻找借口的唯一好处，就是把属于自己的过失加以掩饰，把应该由自己承担的责任转嫁给他人。这样的人不会成为企业称职的员工，也不是企业可以信任的员工，更不是值得大家信赖和尊重的人。这样的人，注定只能是一事无成的失败者。

　　我们无法改变或支配别人，但一定能改变自己对借口的态度，远离借口的羁绊，避免借口对自己的影响，坚定完成任务的信心和决心。很多借口其实是我们自己生编硬造出来的，根本就站不住脚，我们完全可以远离、抛弃它们。

　　有一次，美国总统格兰特到西点军校视察。一名学生问格兰特："总统先生，请问西点军校的哪种精神使您勇往直前？"

　　"没有任何借口。"格兰特回答。

　　"如果您在战争中打了败仗，您必须为自己的失败找一个借口时，您怎么做？"

　　"我唯一的借口就是：没有任何借口。"

　　格兰特的那句有力的回答，更精确地阐述了"没有任何借口"的更深层含义。在西点军校的训令中，"没有任何借口"这句话每一个人都耳熟能详，在社会上，了解西点军校这一传统的企业和员工也大

有人在，但真正了解它的准确含义的人却少之又少。格兰特的"没有任何借口"，就是不找任何理由、不设定任何条件，一开始就全力以赴去做。"没有任何借口"就是执行任务，努力完成。

美国总统林肯出身贫寒。有人问他为什么能当上总统，林肯说："每获得一次工作的机会，我都会怀着感恩的心情加倍努力去工作。我会干好每一个我接到的工作，所以我也能在总统这个职位上干好。"

那些不懂得感激、不知道珍惜的人，他们永远不会明白工作的意义。他们也永远不会明白，为什么有那么多人，不找任何借口、自觉自愿、充满热情地去完成每一项任务。

优秀的员工是这样一些人：总是想尽办法去完成每一项任务，而不是为没有完成任务找借口，哪怕是看似合理的借口。他们总是遵循这样一个工作原则，那就是第一时间去执行领导的决策，永远不为自己找任何借口，因为完美的执行是不容忍任何借口的。一个受企业欢迎的人，必然是一个有较强执行力的人。一位著名企业家曾经这样说："我最不喜欢这类员工，他们对于我分派下去的很多事，往往只会说'行，知道了'，但是根本没有去执行，或者执行结果与我的预期南辕北辙。"

我们一起来看看管理大师彼得·德鲁克给一家公司做培训时用过的一个小游戏。德鲁克让该公司的五名主管把自己管理的员工都一一叫到各自的办公室。每位主管分别对自己的员工说："请帮我查一查百科全书，把××的生平做成一篇摘录刊登到明天的报纸上。"德鲁克在做游戏前就对每位主管说，他敢以10：1的赌注打赌：没有一位员工会没有任何问题地去执行。正如德鲁克所言，没有一个人立即去执行，大多数人都提出了很多问题，问题大体如下。

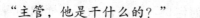

"主管，他是干什么的？"

"主管，他过世了吗？"

"主管，哪套百科全书？"

"主管，百科全书放在哪儿？"

"主管，什么时候要？"

"主管，为什么不叫别人去做呢？"

"主管，你为什么要刊登他？"

当每个主管回答了员工所提出的问题，解释了怎样去查找需要的资料以及为什么要查之后，很多员工都会走开，然后回到自己的座位上一边上网聊天，一边漫不经心地查着××的生平资料。最后，几乎所有的人都会再回来对自己的主管说："这个人的生平资料很难找到。"

员工们做任何事都找借口，这就是当今许多企业中指令执行不到位的根本原因之一。如果碰到这种情况，刚上任不久的新主管一般都会无奈地说："算啦！我自己做吧。"但如果碰到需要每位员工齐心协力才能完成的任务时，就有可能出现执行难的问题。这种找借口推掉工作的作风，这种没有责任心的企业文化，有可能把整个团队带到"三个和尚没水喝"的危险境地。

作为员工要知道，领导要的是结果而不是借口，过多的借口除了让老板觉得你不负责任外，还会让他觉得你的能力不够。因此，那种不找借口立即执行、圆满完成任务的员工才是老板最喜欢的员工。

优秀的员工从不在工作中寻找任何借口，他们总是把每一项工作尽力做到超出老板的预期，力争达到老板提出的要求，也就是做到"满意加惊喜"，而不是寻找任何借口推诿责任。他们总是出色地完成上级安排的任务，尽力配合同事的工作，对同事提出的帮助请求，

从不找任何借口推托。"没有任何借口"做事情的人，他们的身上所体现出来的是诚实的态度、敬业的精神、完美的执行力。

不要让找借口成为成功路上的绊脚石，把寻找借口的时间和精力用到努力工作中来，因为执行不需要理由，成功也不属于那些总在寻找借口的人！

## 找借口的实质是推卸责任

任何找借口的行为都是在推卸责任。在责任和借口之间，选择责任还是选择借口，体现了一个人的工作态度。有了问题，特别是难以解决的问题，你可能会懊恼万分。这时候，有一条基本的原则可用，并且永远适用，这个原则就是永不放弃，永不为自己找借口。

我们常听到这样一些借口：考试不及格，是因为"出题太偏"或"题量太大"；做生意赔了本，是因为东西不好卖；工作落后了，是因为工作难度太大。只要有心去找，借口总是有的。久而久之，就会形成这样一种局面：每个人都努力寻找借口来掩盖自己的过失，推卸自己本应承担的责任。对我们而言，在什么样的工作岗位上不管做什么事情，都要对自己的工作认真负责。

任何借口都是不负责任的表现，它会给对方和自己带来莫大的伤害。真诚地对待自己和他人是明智和理智的行为。有时候，与其为了寻找借口而绞尽脑汁，不如对自己或他人说"我不知道"，负责的人从来不为自己寻找借口。

一个具有强烈责任感的员工会把寻找借口的时间和精力用到工作中，努力去实现目标，敢于承担责任。事实上，每一个借口，都暗示着自己的懦弱与不负责任。

在一次聚会中，杰克对朋友抱怨老板长期以来不肯给他机会。他说："我已经在公司的底层挣扎了15年，仍时刻面临着失业的危险。15年，我从一个朝气蓬勃的青年人熬成了中年人，难道我对公司还不够忠诚吗？为什么他就是不肯给我机会呢？"

"那你为什么不自己去争取呢？"朋友疑惑不解地问。

"我当然争取过，但是争取来的却不是我想要的机会，那只会使我的生活和工作变得更加糟糕。"他依旧愤愤不平，甚至满腔怒火。

"能对我讲一下这是为什么吗？"

"当然可以！前些日子，公司派我去海外营业部，但是像我这样的年纪、这种体质，怎么能经受如此的折腾呢？"

"这难道不是你梦寐以求的机会吗？怎么你会认为这是一种折腾呢？"

"难道你没看出来？"杰克大叫起来，"公司本部有那么多的职位，为什么要派我去那么遥远的地方，远离故乡、亲人、朋友？那可是我生活的重心呀！再说我的身体也不允许呀！我有心脏病，这一点公司所有的人都知道。怎么可以派一个有心脏病的人去做那种'拓荒牛'式的工作呢？又脏又累，任务繁重又没有前途……"他仍旧絮絮叨叨地罗列着他根本不能去海外营业部的种种理由！

这次他的朋友沉默了，因为他终于明白为什么15年来杰克仍没有获得他想要的机会，并且也由此断定，在以后的工作中，杰克仍然无法获得他想要的机会，也许终其一生，他也只能等待。

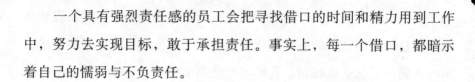

第一章
不找借口，坚决执行

借口或许能把此刻的过失掩盖住，让自己得到心理上的安慰和平衡，但是长此以往，你会总是依赖借口，不再持之以恒、坚持到底，不再去想方设法争取成功。我们不可能事事如意、一帆风顺，总会遇到这样或那样的困难。然而，当遇到困难时就找借口应付了事的人，肯定是不受欢迎的人；而遇到困难总是找方法去解决的人，一定是出类拔萃的人，同时他们也是社会最需要的人。

有这样一幅漫画：

在一片水洼里，一只面目狰狞的水鸟正在吞噬一只青蛙。青蛙的头部和大半个身体都被水鸟吞进了嘴里，只剩下两只无力的乱蹬的后腿，可是出人意料的是，青蛙却突然从水鸟的嘴里挣脱出来，马上就跳回水里，消失得无影无踪……

这幅漫画讲述了这样一个道理：无论什么时候，都不要放弃。

不要放弃，不要寻找任何借口为自己开脱。努力寻找解决问题的办法，是最有效的工作原则。借口，看似合理，其实在它的背后隐藏着人的天性中的逃避和不负责任。在事实面前，没有任何理由可以被允许用于掩饰自己的失误，寻找借口唯一的好处就是精心掩盖自己的过失，把自己应该承担的责任转嫁给他人或者公司。因此，勇敢地接受任务并想方设法完成任何一项任务，才是你获得成功的不二选择。

生活中有些人失败了总是为自己找借口，却从不肯在自己身上寻找失败的原因，自然也不会吸取失败的教训，以至于下一次同样会失败。我们常常会听到周围有人说："都是因为他，都是因为这个……"其实事情做砸了，其原因是很多的，总把责任推给别人或者埋怨条件不足，却从没有分析为什么失败，从来没想过用什么方法来解决问题，那么失败只会一直围绕着你，成功也会一直远离你。

当你接近一个成功人士时，你就会发现，原来他们也不具有什么超凡的能力，也是经过一点一滴的努力和奋斗才取得成功的，原来他们也不是通过一次奋斗就轻而易举获得成功的，也是经历过无数次失败之后才取得成功的。

同时你会发现他们都有一个相似之处，那就是面对失败时，他们都会仔细分析一下自己为什么失败，从中找到失败的原因，总结失败的教训，并且找出获取成功的方法。从我们遇到的那些失败者之中，我们也会发现，他们同样有惊人的相似之处，那就是为自己找寻一大堆的借口与理由来解释自己的失败。好像失败总是别人的过错，或是不关自己的事。

要善于为成功找方法，因为做任何事情都有适宜的方法。在遇到困难挫折时，我们可以将问题暂时放下，但是一定不要放弃，因为未来我们一定可以找得到解决的办法。同时，不要为问题找借口，做一件事情是否尽心尽力是用不着解释的，时间久了，任何辩解都是难以掩盖的。别人可以容忍你一次、两次找借口，但是绝不能容忍多次。

同时，找借口不利于自身的成长，为问题找借口，便错过了在解决问题的过程中提升自己的机会，所以不要为问题找借口，而要积极地开动自己的脑筋，努力寻找解决问题的方法，从而使自己在磨炼之中不断成长。

## 借口是害人的慢性毒药

借口，只是一种假象，这种假象的背后隐藏着可怕的不为人知的错误，如果不及时更正，就会深陷错误之中。每个人的身边从不缺乏这种为自己找借口的人，但是这些借口真的有用吗？当然没有。借口就像是一种慢性毒药，用得越多，中毒就越深。我们要敢于承担自己应该负的责任，正视自己的使命。

有些借口只会让我们自毁前程，慢慢堕落，变得懒惰，不思进取，有时候还会放弃学习和努力，整天抱怨。这些行为只会使我们掉进自己挖的陷阱里。我们要记住自己真正的使命，彻底抛弃借口，展现真实的自我，将成功把握在自己手里。

有一些人不管在什么时候，总爱这么说："如果20世纪80年代初我就下海了，那我今天就是民营企业家了。""如果我当初买股票了，我今天就是富翁了。""如果我当初投资房地产了，我今天就是大亨了。"这种人总是为自己的现状找借口，总认为别人耽误了他。

一个人越是成功，越不会去找借口。其实，99%的失败都是人们习惯于在错误或者失败面前找借口造成的。那些善于找借口的人，其实都是懦弱者，他们或许不知道借口是他们失败的原因所在。一个失败者一旦找出一个"好"的借口，就会将它抓住不放，然后总是拿这个借口向自己和别人解释为什么他无法再做下去，为什么他无法成功。或许起初，他心里也知道自己的借口是站不住脚的，但是在不断重复之后，他用借口慢慢地"说服"了自己，他自己也越来越相信那完全是真的。他开始相信这个借口就是他无法成功的真正原因，结果可想而知，他的思维开始僵化，原来想方设法要赢的动力也没有了，但他们始终都不会承认自己是爱找借口的人。选择借口的人，借口会牵引着他原地跑步甚至是后退。

借口是拖延的温床，习惯性的拖延者通常也是制造借口与托辞的专家。每当他们要付出劳动，或要作出抉择时，总会找出一些借口来安慰自己，总想让自己轻松些、舒服些。但是，每一个老板对那些做事爱拖延的人，总有各种各样借口的人，都不可能抱有太高的期望。

机遇只给那些有准备的人。天上会掉馅饼吗？当然不会。退一步讲，假如真的会掉，如果你不伸手去接，不做好一切准备去抓住，也很有可能会被别人抢走。

想要用积极主动的心态去面对生活，抓住机遇，就要先学会勤奋。勤奋属于珍惜时间的人，属于坚持不懈、持之以恒的人。悬梁刺股、凿壁偷光、囊萤映雪的千古美谈，都是对勤奋精神的颂扬。自古以来，许多仁人志士，都因勤学而成才。

"天才出于勤奋"，不要羡慕别人天资聪颖，只要你足够勤奋，你也可以得到别人赞许的目光。

一位著名的书画家曾说过："在艺术上，我绝不是一个天才，为了探求精深的艺术技巧，我曾在苦海中沉浮，渐渐从混沌中看到了光明。苍天没有给我什么特殊照顾，我的每一步前进，都付出了通宵达旦的艰苦劳动和霜晨雨夜的冥思苦想。"由此可见，只要你足够努力，就会受到成功的青睐。

所以在生活中，每个人都应该发挥自己的最大潜能，努力去寻找

更有效的方法，而不是浪费时间寻找借口。不管是失败了，还是做错了，再美妙的借口对于解决事情本身也是没有丝毫用处的。

## 不要让借口成为提升执行力的绊脚石

借口是我们提升执行力的绊脚石。借口无处不在，只要你去找，就能为不去执行找出一大堆的借口。在我们的日常工作中，差不多每天都能听到这样的声音。

"为什么要我去做这件事？为什么不叫张三去？"

"这件事很麻烦，我做不了。你能不能安排别人去做？"

"这方面的事，我以前没处理过，恐怕做不好。"

"我这几天感冒了，身体很不舒服，你找别人去做吧。"

"我现在手头忙，没有精力做这件事。"

"对不起，我没办法做到这一点。"

"这项工作的难度太大了！"

"市场部的数据给得太迟了，要不我下周给您方案？"

上面的这些声音都是不能落实工作的借口。虽然这些话听上去好像都是"理智的声音""合情合理的解释"，但无论措辞多么冠冕堂皇，借口就是借口。可以说找借口是世界上最容易办到的事情之一，如果你存心拖延、逃避，你总能找到理由。说到底，这是在为推脱工作、推卸责任而找借口，这反映出一个员工缺乏职业道德和执行力。

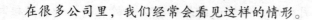

在很多公司里，我们经常会看见这样的情形。

"斯蒂文先生为什么还没有签下这个单子？"老板问。

约翰呆呆地坐在那里，脸色有些苍白："他还没有给我回信，先生。"

"他有多少天没回信了？"

"已经有一个月了，先生。"

老板大怒："那你为什么还待在这里？"而可怜的约翰还待在原地，不知如何是好。当斯蒂文先生一个月都没有回信时，约翰不知道该如何做下去，他一直在想如下几个问题：

第一，是否给斯蒂文先生打一个电话？

第二，是否要登门拜访他一次？

第三，要不要向主管汇报？

第四，我要不要再等等？

于是，约翰在一个月里对斯蒂文先生的事什么都没有做。他想：反正这一张桌子是属于我的，老板不会因此解雇我，斯蒂文先生不回信，又不是我的错，难道还要我拿枪逼着他签约不成？

这种行动上的迟缓、思想上的滞后和道德上的不负责任，导致大量的工作无法被落实，大量的工作资源被无谓地浪费掉。当我们不愿意执行某一项任务或不愿意去做好某一件事，而自知又不能直白拒绝时，总能找到多种借口。

借口是执行的大敌，是我们提升执行力的绊脚石。要想成为一名优秀员工，无论接到何种任务首先应该想的是如何做成这件事。如果你老想这件事在执行中会遇到多少困难，其实这样做就是找借口。

卡罗·道恩斯原来是一名普通的银行职员，后来受聘于一家汽车公司。工作了六个月之后，他想试试是否有提升的机会，于是直接写信向老板杜兰特先生毛遂自荐。老板给他的答复是：任命你负责新厂机器设备的安装工作，但不保证加薪。

道恩斯没有受过任何工程方面的培训，根本看不懂图纸，但是他不愿意放弃任何机会。于是他发挥自己的主观能动性，自己花钱找到一些专业技术人员辅助完成了安装工作，并且提前了一个星期完成任务。结果，他不仅获得了提升，薪水也增加了一倍。

"我知道你看不懂图纸，"老板后来对他说，"如果你随便找一个理由推掉这项工作，我可能会让你走。我最欣赏你这种在工作上不找借口的人！"道恩斯起初如果以不懂图纸为由拒绝这一项工作，也许后来就不会成功了。


态度是人们对事物的看法。态度有端正和不端正、主动和被动、积极和消极、勤奋和懒惰、热情和冷淡之分。同一件事摆到不同的人面前，同一个人在不同的事情面前，都会有不同的态度。人们在事业上能否有所成就，其影响因素有很多，但从总体上来看，还是态度决定成败。

态度是个很难把握的事情，因为它不完全取决于你自己，还取决于别人，尤其是你的上司对你的态度及其偏好。有时候，张三的态度大多数时候比李四更主动积极，但张三积极主动的时候没被别人或上司看到，而李四积极主动的时候却被别人或上司看在眼里、记在心上，所以大家对张三和李四工作态度的认识，可能是他们用心的程度相差不多，甚至是相反的。如果是这样，当然是有失公允了。

那么，我们该如何端正自己的态度呢？一般来说，要重点把握好以下几点：

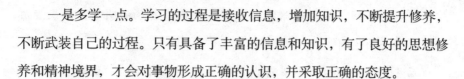

一是多学一点。学习的过程是接收信息，增加知识，不断提升修养，不断武装自己的过程。只有具备了丰富的信息和知识，有了良好的思想修养和精神境界，才会对事物形成正确的认识，并采取正确的态度。

二是多想一点。思考是一切活动的起点，是成就完美事业的基础。思考会使人保持清醒的头脑、旺盛的生命力，并赋予人行动的力量。特别是当你的努力不为人们所认识的时候，你一定要反复思考是哪里出了问题，并相信公道自在人心，是金子总会发光的。你不要埋怨别人和上司对自己不公，你只有检讨自己的态度是否正确才是正确的选择，如果态度有问题，要不断端正和改进自己的态度，因为你无法改变别人，更无法改变上司，只能改变自己。

三是多干一点。实践出真知，实践是检验真理的唯一标准。你的态度体现于你的行动之中，态度是否正确也需要经受实践的检验。经过实践检验的态度才是真正正确的。有了正确的态度，才会有正确的行动和良好的结果。

麦克是公司里的一位老员工了，以前专门负责跑业务，深得上司的器重。只是有一次，公司一笔由他负责的业务让别人捷足先登抢走了，造成了一定的损失。事后，他很合情合理地解释了失去这笔业务的原因。那是因为他的脚伤发作，比竞争对手迟到半个钟头。以后，每当公司要他出去联系有点棘手的业务时，他总是以他的脚不行，不能胜任这项工作作为借口来推诿。

麦克的一只脚有点轻微的跛，那是一次出差途中出了车祸引起的，留下了一点后遗症，根本不影响他的形象，也不影响他的工作。如果不仔细看，也是看不出来的。

第一次，上司比较理解他，原谅了他。麦克非常得意，他知道这

是一个费力不讨好且比较难办的业务。他庆幸自己的明智，如果没办好，那多丢面子啊。

后来，有不好处理的业务时，他又跑到上司面前，说脚不行，要求在业务方面有所照顾，比如就易避难、趋近避远，如此种种，他把大部分的时间和精力都花在如何寻找更合理的借口上，碰到难办的业务，能推就推，好办的差事，能争就争。时间一长，他的业务成绩直线下滑，每次没有完成任务，他就怪他的脚不争气。总之，他现在已习惯于因为脚的问题在公司里迟到、早退，甚至工作餐时，他还可以喝酒，因为喝点酒可以让他的脚舒服些。

现在的老板都是很精明的，有谁愿意要这样一个时时刻刻找借口的员工呢？麦克被辞退也是情理之中的事。

许多找借口的人，在享受了借口带来的短暂快乐后，起初有点自责，可是，重复的次数一多，也就变得无所谓了，原本有点良知的心变得越来越麻木不仁。也许，总在找借口正是自己不能成功的真正原因吧。

抛弃找借口的习惯，你就会在工作中学会大量的解决问题的技巧，这样借口就会离你越来越远，而成功就会离你越来越近。

## 抛弃找借口的习惯

每一个人都会在生活、工作中找借口。每一个人在找到借口之后都会心安理得地认为：这件事与我无关。而更为可怕的是，一个人在做事半途而废时，就更喜欢冠冕堂皇地为自己解释：我已尽力而为，所以责任不在于我。找借口是一种不好的习惯，一旦养成了找借口的习惯，你的工作就会拖沓、没有效率。抛弃找借口的习惯，你就不会为工作中出现的问题而沮丧，甚至你可以在工作中学会大量解决问题的技巧，这样借口就会离你越来越远，而成功会离你越来越近。

找借口的根源在于缺乏责任心，找借口只会使你与成功失之交臂。事后为自己找借口，说明你在用借口向别人表明你拒绝汲取教训，你想找借口为自己开脱责任。如果你总是在事后为自己找借口，推脱责任，而不去深刻反思，认真总结，那么以后遇到类似情况时，你仍然会与成功无缘。一位成功学大师说过，失败者抱怨他人，成功者反思自己。有一个发生在美国海军陆战队的故事，生动地说明了这个道理。

有一天，一名军官下部队去看望士兵。在军营里，军官看见一名士兵戴的帽子很大，大得快把眼睛遮住了，他走过去问这个士兵："你的帽子怎么会这么大？"

"报告长官，不是我的帽子太大，而是我的头太小了。"士兵立正说道。

军官听了哈哈大笑："头太小不就是帽子太大吗？"

士兵说："一个军人，不管遇到什么问题，都应该先从自己身上找原因，而不是从别的方面找原因。"军官点点头，似有所悟。20年后，这名士兵成了一位伟大的将军。

找借口会让一个人在工作中避难就易，失去担当责任的勇气。如

果整个企业都形成了找借口推脱责任的风气，那么整个企业的凝聚力和执行力就会降低。

一个人对待生活、工作的态度是决定他能否做好事情的关键。首先改变一下自己的心态，这是最重要的！很多人在工作中会寻找各种各样的借口来远离遇到的问题，并且养成了这种习惯，这是很危险的。一旦养成找借口的习惯，你做工作就会拖拖拉拉，没有效率。这样的人不可能是好员工，他们也不可能有成功的人生。

人的习惯是在不知不觉中养成的，这是某种行为、思想、态度在脑海深处逐步成型的一个漫长的过程。因为形成不易，所以一旦形成了，就具有很强的惯性，很难根除。它总是在潜意识里告诉你，这个事这样做，那个事那样做。在习惯的作用下，哪怕是做出了不好的事，你也会觉得是理所当然的，特别是在面对突发事件时，习惯的惯性作用就表现得更为明显。

常言道"智者千虑，必有一失"。一个人再聪明，再能干，也总有失败和犯错误的时候。通常人犯了错误往往有两种态度：一是拒不认错，找借口辩解、推脱；二是坦诚承认错误，勇于改正，并找到解决问题的途径。每个人都有犯错误的可能，关键在于你认错的态度。其实，只要你坦诚地承认错误，并尽力想办法补救，你依然可以立于不败之地。然而，有些人犯了错误，却依然不肯承认，反而总想着怎样为自己开脱、辩解，归根结底，这是人性的弱点在作怪，是一种非常消极的态度。

一个人在面临挑战时，总会为自己未能实现某种目标而找出无数个理由。正确的做法是，抛弃所有的借口，找出解决问题的方法。一旦养成了良好的习惯，你就不会再为工作中出现的问题而沮丧。

借口是执行中的绊脚石。借口无处不在，只要你去找，就可以找

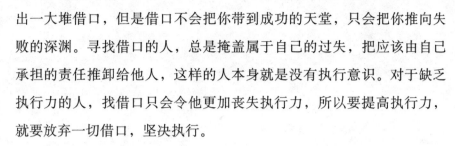

出一大堆借口，但是借口不会把你带到成功的天堂，只会把你推向失败的深渊。寻找借口的人，总是掩盖属于自己的过失，把应该由自己承担的责任推卸给他人，这样的人本身就是没有执行意识。对于缺乏执行力的人，找借口只会令他更加丧失执行力，所以要提高执行力，就要放弃一切借口，坚决执行。

找借口的人永远将眼光盯着别人，认为出现问题是别人的事，与自己无关，不懂得从问题中反省自身，承担起自己的责任。这样的人永远也不会有太大的发展，由这样的人组成的企业也不可能基业常青。

人在一生中会形成很多种习惯，有的习惯是好的，有的是不好的。良好的习惯对一个人的一生影响重大，而不好的习惯所带来的负面作用会更大。养成了良好的习惯，你就不会再为生活中出现的困难而感到束手无策，不会为工作中出现的问题而沮丧。千万不要让寻找借口成为你的习惯，就从现在开始，在工作中，在生活中，杜绝任何一种寻找借口的行为吧！

# 第二章

# 绝不拖延，马上执行

　　拖延会使任务在最后期限内无法完成，所以要完成任务，就应该克服拖延的习惯，马上执行任务。执行任务不拖延，就是要在最短的时间内完成任务。

# 做一个积极主动的人

是否积极主动能够体现出你是优秀员工，还是普通员工。一个积极主动的员工，是能把任何事都做得圆圆满满的员工，也是老板很器重的员工。

任何一个企业老板都希望自己拥有一批能主动工作、具有创造性思维的优秀员工。因为任何一个老板都知道，只有那些准确领悟自己的指令，并主动运用自身的智慧和才干，把指令任务完成得比预期还要好的员工，才能给企业带来最大的利益。

每个老板都是忙碌的，每天都为了工作而忙碌不休，因此其体力难免有透支的时候，这时候，他迫切希望自己的员工能帮他分担一部分工作。

有人曾说："一个好员工，应该是一个积极主动去做事、积极主动去提高自身技能的人。对待这样的员工，不必依靠管理手段去激发他的主观能动性。"

有一个非常积极主动的人，她曾经被一位成功学家聘用为助手，她每天的工作主要是替这位成功学家打印一些文件。

有一天，这位成功学家口述了一句格言，要求她用打字机记录下来："请记住，每个人都有一个心理限制，它限制你的发展与行动，只要打破这个限制，让自己积极行动起来，就有可能获取成功。"

她将打好的文件交给成功学家，并且有所感悟地说："您的格言令我深受启发，对我的人生很有价值。"这件事并没有引起成功学家的注意，却在她心中永远地打上了深深的烙印。从那天起，她成为公司最早上班、最晚回家的员工，不计报酬地干一些并非自己分内的工作。

在那段时间里，她仔细阅读成功学家的书籍，并且把成功学家要用的许多稿件一一整理出来，有时她自己也写一些稿件，把这些稿件交给成功学家，希望得到成功学家的指点。一年以后，她已经获得了职位的提升，成为成功学家真正的助理。然而她的故事并没有结束，她的能力如此出众，以致引起更多人的关注，其他公司纷纷提供更好的职位邀请她加盟。为了挽留她，成功学家一次又一次地给她加薪，与最初当一名普通速记员的工资相比已经涨了四倍。

有些员工在老板忙得焦头烂额时，不是主动请缨，而是处处躲避，这样的员工不可能得到老板的重视。一个主动工作的员工，应该主动去帮助自己的老板。特别是在老板工作忙碌时，如果你能挺身而出，施以援手，一旦老板的难题得到解决，你就会在他的心目中占据重要的位置。

年轻的斯林在短期内被提升到公司的管理层。有人问他成功的诀窍时，他答道："在试用期内，我发现每天下班后员工都回家了，而老板却常常工作到深夜。我希望能够有更多的时间学习一些业务上的东西，就留在办公室里，同时给老板提供一些帮助，尽管没人这么要求我，而且我的行为还遭受到一些同事的议论，但我相信我是对的，并坚持了下来。长时间以来，我和老板配合得很好，他也渐渐习惯要

我负责一些事……"

在很长一段时间内，斯林并未因积极主动地工作而多获取任何酬劳，可他学到了很多业务技能，并获得了老板的赏识与信任，最终赢得了升职的机会。

一个公司里的主管、员工们都要认清，不是只有生产人员和营销人员才能争取客户、增加产出，为公司赚取利润，其实企业内所有的员工和部门都需要积极行动起来，为公司赚钱。

任何一个公司要想有盈利，必须依靠开源和节流。那些待在办公室不与客户打交道的人也应该最低限度地成为节流高手，不要浪费公司的一分钱，否则会使公司的利益遭受损失。

如果你是一个十分明确自己对公司盈亏有义不容辞的责任的人，就会很自然地留意身边的各种机会。只要你积极行动，这些机会就会给你带来回报。

要取得像老板一样的成就，办法只有一个，那就是比老板更积极主动地工作。不要吝啬自己的私人时间，那些一到下班时间就冲出公司的员工是不会被老板看重的，只有主动做事才能得到老板的重视，即使你的付出没有回报也不要斤斤计较。除了完成自己分内的工作，你应该尽量找机会为公司作出更大的贡献，让老板感觉到你的价值。

我们应该静下心来，深入地分析一下这个世界上成功人士的经验与失败人士的教训。大多数成功人士做任何事情总是主动的，做什么事情都被动的人，一生终究难有一番成就。

为什么这样说呢？这是因为做事积极主动的人通常都是十分有责任心的，只有有了责任心才能把事情做好。

对艾伦一生影响深远的一次职务提升是由一件小事情引起的。一个星期六的下午，一位律师（其办公室与艾伦在同一层楼）走进来问他，去哪儿能找到一位速记员来帮忙——手头有些工作必须当天完成。

艾伦告诉他，公司所有的速记员都去观看球赛了，如果晚来五分钟，自己也会走，但艾伦同时表示自己愿意留下来帮助他，因为"球赛随时都可以看，但是工作必须在当天完成"。

做完工作后，律师问艾伦应该付他多少钱。艾伦开玩笑地回答："哦，既然是你的工作，大约1000美元吧。如果是别人的工作，我是不会收取任何费用的。"律师笑了笑，向艾伦表示谢意。

艾伦的回答不过是一个玩笑，他并没有真正想得到1000美元，但出乎艾伦的意料，那位律师竟然真的这样做了。六个月之后，在艾伦已将此事忘到了九霄云外时，那位律师却找到了艾伦，交给他1000美元，并邀请艾伦到自己的公司工作，薪水比现在高出1000多美元。

纵然是高素质的人才，如果没有克服困难的精神、主动解决问题，无论如何也不会被组织重用的。有些人虽然没有较高的学历、丰富的经验，但有主动积极的上进心，只要有了这个心态，一定会在事业上获得更大的进步与发展。

# 想到就立即去做

有位管理学家认为："一件事情，做还是不做并没有太大的差别。最大的差别在于为什么做和为什么不做，从哪个角度去做最有效。这也就是说，执行不是常人想象中简单的'做事情'，执行的真谛和核心是'做正确的事情'，并且'把事情做正确'。及时跟进检查自己的工作，是对'把事情做正确'的确认和实践。"如果我们接受了一项工作任务，就应该马上去做，唯有行动才能收获一切，如果没有落实行动，永远都是纸上谈兵。

凡事都要早做准备，比别人更快地进入状态，更快地想到办法，更快地付出行动，就能更快地达到目的。即使不是"笨鸟"也要先飞，要随时做好准备，那样就能更早地找到机会，比别人更快地收获成功。

在任何领域中，机会总是垂青有准备的人，没有机遇会主动地送上门来，也没有成功会轻易降临到你的头上，要相信一句话"天上不会掉馅饼"，就像拿破仑说的那句话一样："自觉自愿是种极为难得的美德，它驱使一个人在没有人命令应该去做什么事之前，就能主动地去做应该做的事。"

如果我们认准了某项工作，那么就需要立即采取行动，因为世界上的大多数人都因拖延懒惰而一事无成。昨日有昨日的事，今日有今日的事，明日有明日的事，100次的胡思乱想抵不上一次有效的行动。

世界上没有绝对完美的事，"万事俱备"只不过是"永远不可能做到"的代名词。如今的年轻人容易染上的可怕习惯，就是事情明明已经计划好、考虑过，甚至已经做出决定了，却依然畏首畏尾、瞻前顾后，不敢采取行动，对自己也越来越失去信心，不敢决断，并最终陷入失败的境地。

马上去做！亲自去做！这是现代成功人士的做事理念。任何规划和蓝图都不能保证你成功。很多企业之所以能取得今天的成就，不是事先规划出来的，而是在行动中一步一步经过不断调整和奋斗出来的。因为任何规划都有缺陷，规划的东西是纸上的，与实际总是有距离的。规划可以在执行中修改，但关键还是要马上去做！根据你的目标马上行动，没有行动，再好的计划也是白日梦。也许，在开始的时候，你会觉得做到"立即行动"很不容易，因为难免会发生失误。但你最终会发现，"立即行动"的工作态度会成为你个人价值的一部分。当你养成"立即行动"的工作习惯后，你就掌握了个人进取的秘诀。当你下定决心永远以积极的心态做事时，你就朝自己的目标迈出了重要一步。

立即采取行动，还可以发展自己的个性。最重要的是，你做了自己想做的事情，这样会让你更有勇气、忍耐力、魄力、决断力，培养自己的意志品质。如果你已做了一个真正的决定，那就要马上行动起来，最实用的方法是写下开头的几个步骤：你做这件事情的原因；哪几件事是你现在马上就可以进行，并且对你的新决定有帮助的；你有什么与众不同的想法；你打算分几个步骤；有谁可以给你提供帮助。你要将这些可以立即做的事写成一张表，并马上去实

践它们，现在就去做！

行动就会有收获，行动就会出结果，但快速的行动更能保证我们得到想要的结果。要想取得结果，就要付出行动，而重要的是，要在最短的时间内付出行动。因为面对存在的问题，我们没有过多的时间去考虑行动之后的结果是什么，一个差的结果总比没有结果要好。

行动创造结果。想要结果，一定要有行动，不管成功还是失败，首先必须要去做，不能优柔寡断，否则一切归于零。

每一个项目的完成都有很多方法，但行动是创造结果的唯一途径。心态促进行动，行动创造结果。工作岗位是施展自己才能的舞台，我们的知识，我们的应变力，我们的决断力，我们的适应力以及我们的协调能力都将在这个舞台上得到展示。

最后，让我们大声说：要成功，就要马上行动。如果想要成功，就要行动！行动！再行动！

# 比别人跑得快才能占据主动

在实际工作中，有一种现象比较普遍，那就是无论何时，一项任务布置后，一些人总是能领先一步，快速准确地作出反应，而有些人总是"慢半拍""反应迟钝"，工作滞后，这就反映出在接受任务阶段员工执行力的强弱——工作还没开始，任务还没实施，你就已经超过或落后于别人了。

如果你对某项工作不够重视，或者产生懈怠、放松的情绪，那么你很可能已经陷入拖拉的陷阱之中。比如，你觉得这份工作并不是很重要，今天做可以，明天做也可以，根据惰性心理，你肯定不会想着今天去做完，而是会拖到明天甚至是后天。

速度第一，培养执行力需要我们快速行动。衡量执行力的高低主要是通过速度，这是一个非常重要的环节。一件事让一个人去做要花七天时间，但是让另一个人去做需要花一个月的时间，他们之间的差别是什么？这就是人们讲的效率的问题，其实就是速度问题。想要更好地执行任务，快速行动才是最重要的。谁快谁就能赢得机会，谁快谁就能赢得财富、赢得成功。

当初，贝尔发明电话机的时候，有一个叫格雷的人也同时在进行研制工作。他们两人几乎同时取得了突破性进展，但让人意想不到的是，格雷比贝尔晚到达专利局两小时。当然，他们两个人互相都不认识对方，可是贝尔就由于这120分钟而一举成名，誉满天下，同时也因此获得了巨额的财富。

在竞技场上，冠军与亚军的区别，有时小到肉眼无法判断。例如短跑，第一名与第二名有时可能只相差0.01秒。又比如赛马，第一匹马与第二匹马有时仅仅相差半个马鼻子——几厘米的距离而已。但是，全世界的目光则更多地聚集在第一名身上，许多人都认为冠军才是真正的成功者。

要想获得成功，首先，要懂得利用时间法则。很多员工在竞争中，不会运用速度法则制胜，这样不仅不能提高自己的工作效率，还会直接影响到自己的竞争能力甚至生存。

如果你能在竞争中巧妙地利用时间差、速度差，用比别人少的时间快速解决问题，这样不仅节省了时间，而且带来的效益也会比别人多，这就是合理利用时间法则的结果：在对手毫无戒备的情况下抢先一步。

因此，要想比别人跑得快，就不要在心理上产生懈怠和放松，只要能在今天完成的工作，绝对不拖到明天。

其次，培养自己的兴趣。在职场之中，很多人之所以会出现拖拉的现象，就是因为他们对现在的工作不感兴趣，不想做也不愿意去做，他们甚至很厌恶这份工作，这种"排斥心理"使他们产生了"能拖一天是一天"的想法。其实我们在日常工作中也有相似的经历，如果这份工作是自己喜欢做的，我们会很快完成，并且会完成得比较好；如果这份工作或者这个项目不是自己喜欢的，我们可能会一直想：如果能不去做多好，一旦有了"可以不做"的契机，就会出现找借口和拖拉的现象。

最后，给自己明确的截止时间。如果一项工作没有明确的截止时间，那么毫无疑问，我们会无限期地拖延下去，这是由人的惰性所决定的。相反，如果有了截止时间，一般情况下我们都会在截止时间之前完成。这就给了我们一个启发：要想改变拖拉的习惯，不妨给自己设定一个截止时间，通过这些"临界时间点"给自己一些紧迫感，从而改变拖拉的习惯。

那种一味地企盼"万事俱备"后再行动的人，只会让手头的工作陷入永远没有"开始"的状态。一旦陷入"万事俱备"的泥潭，你将顾虑重重、不知所措，无法定夺何时开始，这样时间就会一分一秒地浪费了，你会不断地陷入失望的情绪里，最终只能以懊悔面对悬而未决的工作。

几乎所有的领导最先看到的都是那个第一个完成工作的人，如果一个人什么事情都能够比别人做得更出色，又能够超越他人率先完成，那么这个人没有理由不出类拔萃，没有理由不受到领导的重视和青睐。

我们提前提交工作成果，就能为领导留出充裕的时间调整，使他能够从容指挥，老板自然就会对我们的工作赞赏有加。

谁快谁就会赢。在执行一项计划的同时，我们还要时刻关注竞争对手的情况，这样才能让自己始终处于领先的地位。

然而，有些人却常常忽略了领先一步的重要性。当他们做好某一产品进入市场的准备工作后，在产品还没来得及上市时，就发现竞争对手的同类产品已占领了市场的大部分份额；当他们组织科技人员攻克了某一产品的技术难关，还没来得及庆功时，就发现竞争对手已先他们一步推出了同类产品；当他们准备与合作伙伴共同开发一种极具市场潜力的新产品，并签好了合作协议时，却发现市场上刚推出这种同类产品，而且产品一上市就受到了欢迎；当他们准备把"绣球"抛向某位技术权威，邀请他做公司的顾问，增加公司的知名度时，这位技术权威却在一天前接受了竞争对手公司的邀请。

速度是赢的根本，我们正处于速度制胜的时代，谁比对手跑得快，谁就能获得竞争优势。

没有成功会自动送上门来，也没有幸福会平白无故地降临到一个人的头上，这个世界上一切美好的东西都需要我们去主动争取。机会总是属于那些跑在前面的人，因为只有跑在前面的人才能有机会握到成功之手。只有凡事比别人提前一点，你才会离成功更近一点。

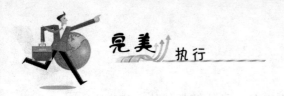

## 主动补上缺口，工作没有空白地带

　　每天的工作都很繁忙，每天都要面对新的挑战，有些人很不情愿地说："就给我这么点工资，却让我干这么多活，还想让我干那些额外零碎的事，我才不干呢！"还有人说："一分钱一分货，我拿这点工资，就应该干少一点活。"

　　在工作中，有很多事是很多人不愿意或者不屑于去干的。这样就给自己的工作留下很多空白地带，这样确实使自己省心又省力，但是除此之外，还能带来什么好处呢？

　　一个人要想获得一个好职位，能够向老板很好地推荐自己是很重要的。你必须要让老板知道你每天在干什么，为公司作出了多少贡献，并且给予自己比较高的评价。很多人都认为，自己只要好好表现，完成工作，早晚都会得到老板的认可，然而事实并非如此。老板每天都有很多事情要处理，他不可能对自己手下诸多的员工一一考察和了解。所以，如果你想从众多平凡的员工中脱颖而出，就要敢于做别人不愿做的事，善于填补工作中的空白地带。

　　巴顿将军曾经说过："一个人的思想决定一个人的命运，不敢向高难度的工作挑战，是对自己的潜能画地为牢，只能使自己无限的潜能化为有限的成就。与此同时，无知也会使你的天赋减弱。"

　　有一位老板曾经这样描述自己心目中的好员工。他说："我们急需的人才，是有奋斗进取精神，勇于向不可能完成的工作发起挑战的人。"实际上，大多数人都是谨小慎微、满足于现状的，而勇于向"不可能完成的工作"发起挑战的员工却不多见，他们是人才市场上的"抢手货"。

每位老板都希望自己的员工能自觉主动地工作、带着思考工作。对于发个指令、点一点鼠标才会动一动的"电脑"式员工，没有人会欣赏，更没有老板愿意接受。在职场中，这类只知道机械地完成工作的员工，会被老板毫不犹豫地排除于升职之外。

工作自觉主动就是正确理解老板的指令，发挥自身的智慧与才干，把指令内容做得比老板预期的更完美；主动学习更多的与工作有关的知识，并且随时用在工作上；有高度的自律能力，不经督促，就能自行把工作保持在较高效率水平上；了解公司及老板的期望，按部就班地达到每一个目标；了解自己的身份和职位，随时调整自我去适应环境。

一位成功学家曾说过："请求老板分派工作比顺从老板分派工作要更高一个层次，这是一种变被动为主动的技巧，它充分体现了员工的工作积极性、主动性。"

在企业里，有很多的事情或许并没有人安排你去做，如果你主动地行动起来，不但能锻炼自己，而且能为自己日后的工作积蓄力量和经验。自觉主动是为了给自己创造机会，实现自己的价值。

成功青睐那些积极主动的人。现在市场的竞争也就是人才的竞争，如果自己不努力只会被抛弃，因为所有企业、所有老板都欣赏积极主动的员工。所有老板都需要那些主动寻找任务、主动完成任务、主动创造财富的员工。所谓主动，指的是随时准备把握机会，有高于他人要求的工作表现以及拥有"为了完成任务，要尽自己全力"的心

第二章 绝不拖延，马上执行

态。那些工作主动性差的员工，总是墨守成规，凡事只求完成手头任务。老板没让做的事，绝不会插手，而工作主动性强的员工，则勇于负责，有独立思考的能力，必要时会发挥创意以完成任务。

在市场经济中，公司的大目标和员工的小目标都是促进企业发展。要想实现这个大目标，员工们就不应该局限于自己的任务，而应该在不破坏公司各种秩序的情况下，主动完成额外的任务，出色地为公司创造额外的财富。有时，员工甚至要先于自己的主管和老板，提出并实施有益于公司发展的项目和业务。当你养成凡事主动执行的习惯时，你就有可能从普通员工中脱颖而出，受到老板的青睐。

传说，曾经有两个部落，他们之间发生了战争。因为双方在武力和智慧上都旗鼓相当，所以仗打得十分激烈，难分胜负。既然在战场上无法取胜，于是有一方就暗地里计划用毒药毒死对方的首领。这事被对方派来的密探知道了，这位密探立即写信给自己部落的首领说："首领，您要警惕，水里有毒药，明天您千万不要喝。"可是这个首领却有个坏习惯，总是把工作推到第二天去办，所以他收到了这封信后，对手下人说："先把信收好，明天再拆开读给我听。"第二天太阳还没有升起的时候，他就因为喝了水被毒死了。

这位部落首领正是因为行动上的拖延，才使自己被毒死了。如果他能及时看到这封信的内容，结果就会截然不同，所以我们在工作中应该争取做到今日事、今日毕。

不管从事什么职业，当有了一项工作或任务后，就应该立即着手落实，不要拖延。只有这样，成功才会垂青于你。

世间的任何想法，如果不付诸行动，就永远也不会落实到位。若希望自己能以"落实者"的形象出现，就要摆脱拖延的坏习惯，即刻去做手中的工作。只有及时落实，你才能在落实的成果中享受到成功的喜悦。对于凡事立即落实的人，领导在布置工作之后，无须再辛苦地鞭策督促，这样的人自然受到领导的欢迎。

总而言之，及时落实不拖延是一切成功的基础，没有什么比拖延更能使人懈怠了。

因此，每一位员工都应该从今天做起，培养自己良好的执行力，保证工作的落实，从而为自己赢得更多的发展机会。

## 积极参与，为公司发展献计献策

要做一名执行到位的员工，最基本的一点就是要做到积极主动。

在执行的过程中，一个人光会做是远远不够的，还要有工作意愿（动机），即要自主自发。所谓的自主自发不是一个口号、一个动作，而是要充分发挥主观能动性与责任心，在接受工作后用尽一切努力，想尽一切办法把工作做好。

初次听来，这似乎只是一条普通的定义，但细细品读后，觉得它更像一种面对人生的态度。现在，我们生活在高速发展的社会中，每时每刻都会接受一些新的挑战和挫折。其实，人的一生不可能永远一帆风顺，总会经历一些风浪。在这些风浪面前，有人退却了，就这么平庸一生，甚至开始怨天尤人，也有人在同样的环境中脱颖而出，成为强者。其实，这一切就在于一念之差，而所谓一念之差，其实就是

一种态度——面对生活、面对工作、面对人生的态度。仔细想来，积极主动就是一种可以帮助你扫平一切挫折的积极健康的人生态度，就是一种把工作执行到位的态度。

在我们的组织里，很多员工常常要等上级吩咐做什么事、怎么做之后，才开始工作。这样的员工没有半点主观能动性，不仅做不好事，而且也难以获得上级领导的认同。在微软公司，任何一个具有专业技能、有竞争力的员工都必须充分发挥自己最大的主动性，因为微软公司需要那种能采取直接的、重要的行动为公司获得收益和取得市场成功的优秀员工。

做事主动的员工，不管他是扫地的保洁员，还是一个高级程序员，都会把任何事情做得漂漂亮亮。这样的人不仅能把事情做好，他还会经常对上司说："我还有一个想法能使事情变得更好。"积极主动、喜欢找事做的员工，做什么事都容易成功。

充分发挥自己的主动性，才能将任务完成得更好。对于这一点，微软中国研发中心桌面应用部的一位经理深有体会。

1997年，他刚被招进微软公司时负责做Word的升级研发。当时他只有一些简单的资料，没有人告诉他该怎么做，该用什么工具，和美国总部交流沟通，得到的答复也是一切都要靠自己去做。在没有硬性规定测试程序和步骤的情况下，他根据自己对产品的理解，考虑到产品的设计和用户的使用习惯等，发现了许多新的问题。结果他发挥了自己的主动性，设计出了让用户满意的产品。

主动是一种积极的人生态度，代表着自身的创造力。主动地思考、积极地行动，会让人们在接触事物的过程中增加主观认知。所谓举一反三、触类旁通、顺藤摸瓜，实际上都是对主动思维的诠释与最好的证明。主动的人能接触到更多的信息与资源，这对处世的灵活性大有帮助，同时主动的思维会带来积极的行动，行为上的主动会引起良好的外界反馈，这样才能够进一步刺激大脑神经细胞，从而产生一种更加积极的思维。这是一种良性循环，能够让人们在处理好事情的同时，最大限度地发挥自身的能动性，以便创造出更大的价值，由此体会到价值感、幸福感。

主动是一种精神，反映在人的思维、行动以及整体的气质面貌上，它可以拓展人的思维，更大限度地开发人的潜能。

主动性是最能体现优秀员工与普通员工差异的地方，积极主动的员工，就是能把任何事都做得圆满的员工，是领导所器重的员工。

《把信送给加西亚》一书的主人公罗文就是一个积极主动的人，他接受了给加西亚将军送信的任务，那是一封总统签发的能够决定战争胜负的重要信件。当时他没有推诿，而是以其绝对的忠诚、责任感和创造奇迹的主动性完成了这项"不可能的任务"。100多年来，他的动人事迹在全世界广为流传，激励教育了千千万万的人努力履行职责。无数的公司、机关、组织都曾经人手一册，以塑造自己团队的灵魂。如今，"送信"早已成为一种象征，成为人们忠于职守、履行承诺、敬业、忠诚、主动的象征。这个并不复杂的故事所传达的理念，足以超越那些连篇累牍的理论说教。

我们有理由相信，所有团队、组织的领导者、管理者，看到这部分内容时都会深有体会地发出这样的感慨：到哪里能找到把信送给加西亚的人？因为任何一个组织要想获得真正的成功，其员工的忠诚、责任感和主动性都是至关重要的，那"送信的人"是他们梦寐以求的栋梁之才。

有的人干工作总是十分积极主动，这可以称得上生命的幸运，这种人就更应该珍惜这种天赋，更大限度地发挥出蕴藏于内心的潜能，争取更大的成功，实现更大的价值。

在现代职场里，有两种人永远无法取得成功，一种人是只做老板交代的事情，从不多想多做；另一种人是做不好老板交代的事情，这两种人都是老板首先要"炒鱿鱼"的人。

李开复曾说："不要只是被动地等待别人告诉你应该做什么，而是应该主动地去了解自己要做什么，并且仔细地规划，然后全力以赴地去完成。想想在今天世界上最成功的那些人，有几个是唯唯诺诺、等人吩咐的人？对待工作，你需要付出一个母亲对孩子般那样的责任心和爱心，全力投入，不断努力。做到这一点，便没有什么目标是不能达到的。"

没有积极主动的心态，就不能够把自己的行动落实到位，在执行的过程中就有可能让工作做不到位。因此，要做一个执行型员工，一开始就要有积极主动的工作态度。要想执行到位，行动必须要到位。

## 在尝试中让自己"物超所值"

某知名公司董事长曾说过："创新不仅是一种卓越的工作方法，也是一种卓越的人生信念。在方式、方法、内容上，要时刻追求更好的解决方案，精益求精，谋求更好的成果，不断激发个人创意，完善创新机制，以全面的技术创新、管理创新、经营模式创新，推动公司的不断发展。"要想使自己的工作产生出众的效果，在竞争中立于不败之地，就要培养和运用创新思维。我们要勇于开发自己的潜能，把我们的创意、灵感发掘出来，并应用于日常的工作和生活，在日积月累中不断完善自己的创意。

我们来看一个故事。

爱迪生一生只上过三个月的小学，他的学问是靠母亲的教导和自修得来的。他的成功，应该归功于母亲对他的宽容与耐心教导，母亲的教育使原来被人认为是低能儿的爱迪生，长大后成为举世闻名的"发明大王"。

爱迪生从小就对很多事物感到好奇，而且喜欢亲自去试验一下，直到明白了其中的道理为止。长大以后，他就根据自己这方面的兴趣，一心一意做研究和发明的工作。他在新泽西州建立了一个实验室，并先后发明了电灯、电报机、留声机、电影机、磁力选矿机、压碎机等千余种东西。爱迪生的研究和创新精神，使他在改进人类的生活方式方面，作出了重大的贡献。

"浪费，最大的浪费莫过于浪费时间了。"爱迪生常对助手说，"人生太短暂了，要多想办法，用最少的时间办更多的事情。"

一天，爱迪生在实验室里工作。他递给助手一个没上灯口的空玻璃灯泡，说："你量量灯泡的容量。"他又低头工作了。

过了好半天，他问："容量是多少？"他没听见回答，转头看见助手拿着软尺在测量灯泡的周长、斜度，并拿着测得的数字伏在桌上计算。他说："时间，时间，怎么用那么多时间呢？"爱迪生走过来，拿起那个空灯泡，向里面斟满了水，交给助手，说："把里面的水倒在量杯里，马上告诉我它的容量。"

助手立刻读出了数字。

爱迪生说："这是多么简单的测量方法啊，它又准确，又节省时间，你怎么想不到呢？还去算，那岂不是白白地浪费时间吗？"

助手的脸红了。

可见，不同的思维方式对执行的效率有着多么大的影响。在实际工作中，我们应该培养有效的创新的思维方式，这样才能把工作执行得更好、更到位。

人们习惯于沿着事物发展的方向去思考问题并寻求解决办法。其实，对于某些问题，尤其是一些特殊问题，从结论往回推，倒过来思考，从题解回到已知条件，反过来想或许会使问题简单化，使解决问题变得轻而易举，甚至因此而有所发现，创造出令人耳目一新的奇迹来，这就是逆向思维的魅力。

有一道趣味题是这样的：有四个相同的瓶子，怎样摆放才能使其中任意两个瓶口的距离都相等呢？可能我们琢磨了很久还找不到答案。那么，办法是什么呢？把三个瓶子放在正三角形的顶点，将第四个瓶子倒过来放在三角形的中心位置，答案就出来了。把第四个瓶子"倒过来"，多么形象的逆向思维啊！

在日常生活中，有许多通过逆向思维取得成功的例子。

我国古代有这样一个故事：一位母亲有两个儿子，大儿子开染布作坊，小儿子卖伞，她天天愁眉苦脸。下雨了她担心大儿子染的布没法晒干，天晴了她又怕小儿子做的伞没有人买。一位邻居开导她，叫她反过来想：雨天，小儿子的雨伞生意做得红火；晴天，大儿子染的布能晒干。逆向思维使这位老母亲眉开眼笑，天天都很开心。

日本是一个经济强国，却又是一个资源贫乏国，因此日本人十分崇尚节俭。当复印机大量吞噬纸张的时候，他们将一张白纸正反两面都利用起来，一张顶两张，节约了一半的资源。日本的一些科学家不满足于此，他们通过逆向思维，发明了一种"反复印机"，已经复印过的纸张通过机器以后，上面的图文消失了，重新还原成一张白纸。这样一来，一张白纸可以重复使用许多次，不仅创造了财富，节约了资源，而且使人们树立起新的观念：节俭固然重要，创新更为可贵。

逆向思维最宝贵的价值，是它对人们认知的挑战，对事物认知不断深化，我们应当自觉地运用逆向思维方法，创造更多的奇迹。

# 第三章

# 认清责任，推动执行

　　责任感是一个人对待工作应有的态度。责任感的强弱决定了这个人对待工作是尽职尽责还是敷衍了事，从而决定他工作成绩的好坏。只有把责任感放在第一位，才会责无旁贷地承担起任务，然后千方百计地完成任务。

## 责任心是成功的保障

在一个漆黑、凉爽的夜晚，地点是墨西哥城，坦桑尼亚联合共和国的奥运会马拉松选手艾克瓦里吃力地跑进了奥运体育场，他是最后一名抵达终点的选手。这场比赛的优胜者早就领了金牌，庆祝胜利的典礼也早就已经结束了，因此当艾克瓦里一个人孤零零地抵达体育场时，整个体育场几乎空无一人。艾克瓦里的双腿沾满血污，绑着绷带，他努力地绕完体育场一圈，跑到了终点。在体育场的一个角落里，享誉国际的纪录片制作人格林斯潘看着这一切。在好奇心的驱使下，格林斯潘走了过来，问艾克瓦里为什么要这么执着地跑到终点。

这位来自坦桑尼亚联合共和国的年轻人轻声地回答说："我的国家从两万多千米之外送我来这里，不是叫我在这场比赛中起跑的，而是派我来完成这场比赛的。"

没有任何借口，没有任何抱怨，尽职尽责就是这个年轻运动员一切行动的准则。这个年轻人的精神值得人敬佩，值得许多员工学习。有些不负责任的员工在工作中出现问题时，首先考虑的不是自身的原因，而是把问题归咎于外界环境或者他人。

1995年，在湖南某公司，一台运料汽车在厂区里面漏了油，吃午餐的时候，几百名员工路过那里都看见了一大摊油迹。董事长看到后火冒三丈，下令将这件事情作为公司的典型教材，召开全体管理人员会议来谈这个问题。董事长认为这件事是管理人员的失职造成的，他认为，如果哪一天发现在公司的路面上有一摊油，或者有一摊泥土而没有人去打扫，又恰巧被正在上下班的几百名员工看见了，这将比公司一台机器出现质量问题还要严重！因为这会让员工产生公司对质量要求不严的感觉，从而在工作中出现懈怠，并可能造成难以弥补的损失！为此全公司认真地进行了反省。

承担责任不分大小，只论需要。一丁点儿的不负责，就可能使一个百万富翁很快倾家荡产；而一丁点儿的负责任，却可能为一个公司挽回数以千万计的损失。哪怕你是一名做着最不起眼工作的普通员工，只要你承担起了自己的责任，你就是老板最需要的员工。

经常有人说，"公民应该为国家承担责任"，"公民应该为社会承担责任"，"男人应该为家庭承担责任"，但很少有人说"员工应该为公司承担责任"，因为在很多人的眼里，只有老板才应该为公司承担责任。事情难道真是这样的吗？

社会学家戴维斯说："自己放弃了对社会的责任，就意味着放弃了自身在这个社会中更好生存的机会。"同样，如果一个员工放弃了对公司的责任，也就相当于放弃了在公司中获得更好发展的机会。在这个世界上，每个人都扮演着不同的角色，每一种角色又都承担着不同的责任，从某种程度上说，坚守责任就是坚守我们自己最根本的人生义务。作为企业的一名员工，你在公司里面也扮演了一个角色，理所当然也要承担责任。

一个主管过磅称重的小职员，由于怀疑计量工具的准确性，自己

动手修正了它，结果由于计量工具的精确度提高了，公司在这个方面减少了许多损失。

其实修理计量工具并不是这个小职员的职责，这个秤准不准都不会对他的工资造成影响，所以他完全可以睁一只眼闭一只眼，但是这位小职员并没有因此就不闻不问，听之任之，本着为公司负责的态度，他积极地纠正了这一偏差。这个小职员的负责任的行为，为公司节省了很多的费用，他能这样做就是源自一种高度的责任感。

因为家庭贫困，阿水初中没读完便辍学外出打工。在老乡的介绍下，阿水进了浙江某生产摩托车配件的民营企业。没有人看好这个没什么文化的乡下小子，虽然都是打工者，但那些懂技术或者跟老板沾亲带故的员工都瞧不上阿水，有的甚至干脆就把他当成一个可以呼来喝去的打杂小伙计。虽然不被别人看好，但阿水没有因此而自卑，没有看不起自己，从进厂第一天起，他就暗自下定决心：一定要学会手艺，而且要当手艺最好的师傅。

阿水开始利用一切机会、一切可能的方法向老师傅们请教学习，甚至还要忍受别人无情的嘲讽与责骂，去偷师学艺。功夫不负有心人，在人们毫无觉的情形下，阿水已经默默成长为一名经验丰富的年轻小师傅了，但这名小师傅仍旧谦虚谨慎，保持着低调的态度，其他人也一如既往地不看好他。直到有一次，他露了一手，震住了全车间所有的人，才让大家刮目相看。

当时，大家碰到了一个新的技术问题，偏巧技术主管出差在外，一时无法赶回来。老板急得直跺脚，这一耽搁不仅会延误时间，还有可能要承担违约责任，那可要支付一笔巨额赔偿金啊。有的员工抱着事不关己，高高挂起的态度，袖手旁观。还有的员工虽然嘴上没说什么，但心里却乐开了花，躲到角落里幸灾乐祸。更多的人则是抱着多一事不如少一事的想法，害怕承担不利后果，不愿意去解决那个难题。

正当大家各怀心思的时候，阿水毛遂自荐，主动要求去试试。老板没办法，只能死马当活马医，便授权让阿水放手去干。结果，阿水不辱使命，熬了一个通宵，终于找到问题的症结所在，并且"手到病除"。

阿水"一战成名"，连技术主管也开始对阿水另眼相看了。有些厂子知道阿水的真实技术水平后，或明或暗都开出了高薪来挖人。可阿水却不为所动，他深知自己的技能是厂里老师傅们传授的，自己有责任和义务为厂里的发展作出贡献，而且这个厂才是自己进一步发展的最好平台。老板得知阿水的想法后，非常欣赏阿水的敬业与忠诚。为了回报阿水，同时也是为了能留住这样难得的优秀人才，颇有远见的老板决定"放水养鱼"，拿出自己的一部分股份，赠予阿水，同时提升阿水为技术支持部的助理，直接负责生产车间的技术问题。

阿水用自己的敬业与忠诚，兑现了自己的承诺，成了厂里最好的师傅。事实上，他的所得已经远远超出了他自己的预期——当手艺最好的师傅，而上升为厂里的一名小股东。任何人只要明白自己的成长与事业的发展是同步的，都需要借助企业这个发展平台，那么也就会更好地理解"工作不是为了老板，而是为了自己"这句话的真正含义了。

人总是要成长的，只有足够成熟的时候，才会真诚地对待自己的事业。这话听起来或许有点绝对，但事实确实如此。不够成熟的人，做事通常不会去考虑后果，他们会认为想到了就去做才是最正确也最

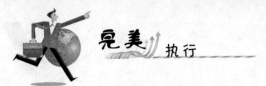

有效的行为方式。比如工作，他们或许只是一时兴起或者只是为了解决当下的吃饭问题而找工作，他们绝对不会把工作当作自己的事业，可能在他的脑海里连事业是什么都没有特定的概念。

所以说，一个人要想事业有所发展，首先在思想上要有所觉悟。人只有领悟到事业的重要性，才能认真对待自己的事业，这样事业才有发展的可能性。换句话说就是，人的成长与事业的发展是同步的，是相辅相成的。

明白了个人成长与事业同步发展的道理之后，还需要落实到具体的行动上。这行动便是脚踏实地去做好每件事，认真完成每项任务。"没有最好，只有更好"，任何一个岗位，任何一项工作，只要用心去做，总能做到精益求精。没有做不好的工作，只有不想做的心思。很多人之所以一事无成，或者总处于一种"半瓶水"的状态，最重要的一个原因就是缺乏恒心与毅力。

克里是一家大型滑雪娱乐公司的普通修理工，一天晚上他值班，在深夜巡查时看见一台造雪机喷出的全是水，而不是雪，他马上想到这是造雪机的水量控制开关和水泵水压开关不协调导致的。他急忙跑到水泵坑边，用手电筒照着检查，发现坑里的水快漫到了动力电源的开关口，若不赶快调整水量控制，马上就会发生动力电缆短路。这种情况将会给公司带来重大损失，甚至伤及人的性命。他来不及多想，不顾个人安危，跳入水泵坑中，摸索着控制住了水泵阀门，防止了水的漫溢，然后顾不得换下水淋淋的衣服，又找来工具把坑里的水排尽，重新启动造雪机开始造雪。

当同事赶来帮忙时，一切都已经处理妥当，他却连冻带累，浑身颤抖得走不动路了。公司总裁闻讯，下令连夜把他送到医院诊疗，他才没有落下什么身体上的伤残。事后，他受到了公司的表扬和嘉奖，当部门经理的职位出现空缺时，他便被晋升为部门经理。

一个人的成长与事业发展总是同步的，特别是当这个平台拥有一个优秀团队时，人的成长将更加迅速。作为员工，要真正融入企业团队中，就要奉献自己的忠诚、敬业，真正做到爱岗位、爱企业。作为企业，要真正接纳这样的员工，为他们的继续成长，为他们的职业发展提供更广阔的平台。

员工与企业总是相互依存的。员工爱岗爱企、忠诚敬业，最终受益的还是自己，让自己的成长与事业的发展处于同一平台之上，这是获取成功的最佳保障之一！

## 把责任落实到工作中

责任，与个人的工作和生活密不可分，与企业的生存和发展密切相关。每个人要承担起自己应尽的责任，把单位当成自己的家，为单位作出贡献，具有积极向上、百折不挠、拼搏进取、吃苦耐劳、勤奋好学的精神。我们只有尽到自己应尽的责任，才能赢得人们的尊敬，进而受到企业的重用，实现个人的价值。而企业只有承担起应尽的责任，为广大职工创造更多的福利和发展空间，才能形成凝聚力和向心力，进而使企业不断发展壮大，做大做强！

成功的人必然具备某些条件，其中之一就是责任感。固然，聪

明、才学、机缘等都是促成一个人成功的重要因素，但倘若缺乏了责任感，他仍不会成功。一个人即使聪明才智差一点，但是他能够对工作负责，尽自己的努力，那么他成功的概率也必定比只有聪明才智而无责任感的人要高。

责任感落实到日常工作中则体现为责任心。我们只有增强责任心，培养责任感，提高责任意识，才能增强企业凝聚力，推动企业发展，使企业做大做强。

当你完成一天的工作以后，你是否习惯去回忆总结一下自己的得失成败呢？如果你有这个习惯，那你就是一个负责的人。当你开始一天的新工作时，你是否习惯去设想和分析一下可能遇到的情况呢？如果你做到了，那你就离成功不远了。因为只有总结得失，你才可能发现工作中的错误和疏漏，才可以及时去改正，避免下次重犯。事后的检讨能促进你的进步，这个过程并不是要你去做无益的追悔，而是要你从中获得可贵的经验。同样，事前的详细准备并不是要让你悲观失望甚至退缩，而是要让你有条理清晰的措施、沉着冷静的心态，唯有这样，你才能在工作中的任何情况下都保持从容冷静、胸有成竹的状态。

对于工作，有一时的热忱容易，有持久的热忱困难；有短暂的成功容易，有持续的胜利困难。我们唯有以强烈的责任感为基石，以努力学习为途径，才能取得生产建设中的进步，才能经营出特色，才能完成企业的战略目标。我们唯有时时求新、日日求进，避免自足自满，把工作视为与自己荣辱相关、祸福与共的事业，才能享受到真正的成功之乐，真正了解自己的责任所在。

在一个下着雪的傍晚，约翰中士匆忙地走在回家的路上。路过公园时，他被一个人拦住了。"先生，打扰一下，请问您是一位军人吗？"这个人看起来很着急。"是的，我是，能为您做些什么吗？"约翰急忙回答。"是这样的，我刚才经过公园门口时，看到一个孩子在哭，我问他为什么不回家，他说他是士兵，在站岗，没有接到命令他不能离开这里。和他一起玩的那些孩子们都不见了，估计都回家了。"这个人说，"我劝这个孩子回家，可是他不走，他说站岗是他的责任，他必须接到命令才能离开。看来只能请您帮忙了。"

约翰心头一震，说："好的，我马上就过去。"约翰来到公园门口，看见了那个正在哭泣的小男孩。约翰走过去，敬了一个军礼，然后说："下士先生，我是约翰中士，你站在这里干什么？"

"报告中士先生，我在站岗。"小男孩停止了哭泣，认真回答说。

"雪下得这么大，天已经黑了，公园也要关门了，你为什么不回家？"约翰问。

"报告中士先生，这是我的责任，我不能离开这里，因为我还没有接到命令。"小男孩回答。

"那好，我是中士，我是你的上级，我命令你现在就回家。"

"是，中士先生。"小男孩高兴极了，还向约翰回敬了一个不太标准的军礼。

小男孩的举动深深地打动了约翰，他的倔强和坚持看起来似乎有些幼稚，但这个孩子身上所体现的责任感和执行力却是很多成年人都没有的。后来约翰经常给士兵们讲起这个故事。

一个人如果没有责任感，会在各方面出问题：作为公民，他注定不会履行法律规定的义务；作为工作者，他注定难以取得良好的业

绩；作为经营者，他注定想方设法损人利己；作为家庭成员，他注定使这个家庭不幸福；作为朋友，他注定是个"损友"；作为同事，他注定是个不好共事的人；作为公共场所中的一员或路人，他也注定会惹人厌、讨人嫌。没有责任感，甚至可能使人发生异化，为自己赖以生存的社会所不容，最后走向沉沦、颓废。如果缺乏责任感成为普遍的社会现实时，这个社会则无法凝聚力量，长期繁荣和持续发展，社会的和谐程度也会受到损害，严重时甚至会使现代社会的核心价值体系崩溃，给国家和社会造成灾难。

一个人的责任感不一定要由大事去衡量，从平常的小事中也可体现出忠诚与负责。我们可以看一个人是否在每天下班以前，把他的办公桌整理好；是否肯把掉在地上的废纸随手捡起来；当他犯错误的时候，是勇于承认、立刻改正，还是试图狡辩、诿过别人，这些不仅能反映出一个人是否有高尚的品德，而且可以预示一个人的成败。

无论是在企业还是在政府机关，几乎每一位身处高位的领导者都会有这种感受：很多员工总是在机械地应付工作，根本就没有想认真地工作，对工作的责任感那就更不用谈了。这些人认为，自己只是普通的员工，做好做坏对自己的影响不大，哪怕出了事情，也是由领导去负责，这肯定是不正确的观点。他们认为只有权力大、职务高的"大人物"才有责任，普通的员工没有必要负责任，这是错误的。一个组织的成败很关键的因素就是，所有的成员有没有责任意识，能否承担起自己应负的责任。

现代社会所需要的正是这种强烈的责任感。我们生活在一个由责任构建的社会中，亲情缔造的责任让我们感动，友情链接的责任让我们温暖，爱情构筑的责任让我们幸福，所以我们不能推卸责任，推卸责任就意味着伤害了我们的至亲至爱。

在企业中，员工和企业之间也是一种基于责任的契约关系，而不单单是一种利益上的关系。因为一个人工作不仅仅为了钱，为了生存，更是为了满足自身需要，为了实现个人价值。工作和事业满足了人自我实现的需要，而这也是人的最高需要。人需要认同感和满足感，工作满足了人的这种需要，所以我们不能推卸责任，推卸责任就意味着我们失去了实现人生价值的机会。把责任落实到工作中，才是有效实现自我价值的途径。勇于担当，你才能更加强大。

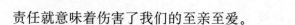

## 责任心是高效执行的潜在动力

在当今激烈的市场竞争中，一个企业执行力的高低，将决定着企业的兴衰成败。责任心是人的一种潜在动力，在高效执行中扮演着重要角色。只有具备责任心的人，才能在执行过程中勇于负责，保质、保量地完成任务。

提高执行力，就是要加强人的执行能力，在这其中，人的因素是最重要的。高效的执行力不依赖于工作经验，它依靠的是人对制度、计划的不折不扣地贯彻执行，而这种贯彻执行最终还得靠人的责任心。

一天晚上9点多的时候，忙了一天的两位老师赶回家，刚打开空调，房间就一下子黑了下来。断电了！这两位老师是学校新聘的老师，刚搬来不久，由于对环境不熟，他们找不到电源，更谈不上维修了。怎么办？找人修吧，这么晚了，找谁呀？再说也不认识谁，还是早点休息吧！房间闷热，本来就不适应南方气候的两位老师一会儿就大汗淋漓了。打开窗子通通风吧，飞来飞去的蚊子又着实让人心烦。处于两难境地的两位老师经过反复斟酌，拨通了校区主任的电话。校区主任十分热情，一再说："不要客气，有事就该打电话，为师生服务是我们的责任，我马上安排人员维修！"

几分钟后，后勤部主管维修的李主任就赶来了。隔着门，李主任说道："两位老师别急，我们马上就会修好的！"当两位教师向李主任表示歉意时，李主任说："你们是教授，是学校引进的人才，为你们服务是我们的责任。"正说着，维修工人老易一瘸一拐地上来了，原来老易下午扭了脚。看到这种情形，两位老师越发觉得不好意思了，他们忙向老易表达了真诚的谢意。老易却说："我的责任是维修，不管什么时候，为师生服务都是我的责任。"

电接通了，送走李主任和老易时已是夜里11点了。躺在凉快的房间里，两位老师感慨万千。谁说人生地不熟？谁说求人事难办？自己不是就从现实中感受到了这种难得的真情和令人踏实的责任心吗？责任心可以化作万千实际行动。成为铸就无限辉煌的巨大力量！

一个人有责任心固然很重要，但企业真正需要的是既有责任心，又能在工作中完美落实责任、执行到位的人。责任落实是企业发展的原动力，执行到位是员工进步的支撑点，而落实靠的就是责任心及兢兢业业的、负责任的态度。责任心体现了一个人对事业的忠诚之心，而落实到位则考验出一个人对自己所负使命的忠诚度，对自己职责的信守与执行程度。

没有责任心，就不会有主动性、自觉性。一个人不讲责任，不愿承担责任，不敢承担责任，必然会在工作上敷衍了事、庸碌无为，随心所欲、弄虚作假，明哲保身、患得患失，缩手缩脚、错失良机。作为企业领导，往往负有管理各种事务、应对突发事件等重要责任，是否具有强烈的责任心，将直接影响决策水平和工作成效。若责任心强，就会在其位、谋其政、行其权、负其责，就会将精力集中在发展上；积极主动地想办法、出主意、拿措施。相反，若责任心不强，只想当官，不想做事，在其位不谋其政，碰到问题不解决，遇到矛盾绕着走，对职责范围内的事情该抓的不抓，该管的不管，结果就会使困难越来越大，问题越积越多，发展越来越慢。由此可见，虽然工作有难易之分，能力有高低之别，但做好工作的关键还是要有责任心。

责任心和执行力是辩证统一的关系。责任心是前提、是基础，执行力是保障、是关键，执行有效才意味着责任落实到位。无论在哪个岗位，无论做什么工作，都要怀着热情、带着感激去做，竭尽全力、尽职尽责地做好。对待工作不要说不行，不要找任何借口，明知有困难，也要坚决去执行。

在工作中，我们要想提升执行力，一方面要通过加强学习和实践锻炼来增强自身素质，另一方面要努力增强责任心，而且后者尤为关键！只有我们每个人的执行力提高了，才能使团队整体的执行力得到提升，这才是提高企业竞争力的关键！执行力的高低是决定企业成败的重要因素。

比尔·盖茨曾经这样说过："人可以不伟大，但不可以没有责任心。"这句话建立在他对执行力重要性认知的基础上。一个人只有具有高度的责任感，才能在执行中勇于负责，在每一个环节中力求完美，保质保量地完成计划或任务。所以微软公司非常重视对员工责任

感的培养，责任感也成为微软公司招聘员工的重要标准，也正是这种做法，成就了微软公司一流的执行力。

从下达一个任务到将这项任务执行到位需要很多条件——技能、细心程度、财力等。虽然上面的条件都是必不可少的，但是人们在谈论时往往忽视了最重要的一点——责任心。责任心是先决条件，它的重要性排在上述所有条件之上。

责任是贯穿整个行动计划的关键，只有每个成员都担负起自己的责任并完成自身任务，才能保证整体行动的顺利进行。每一位执行者都应该意识到自己的责任，并不遗余力地去执行，这样才能确保集体行动的顺利进行和总体任务的圆满完成。

## 明确岗位职责，让结果无可挑剔

岗位职责指一个岗位所要求的需要去完成的工作内容以及应当承担的责任范围。只有明确自己的岗位职责，才能提升执行力，提升工作效率，提高生产力。

那么我们应该如何明确岗位职责呢？这需要分步实施，先根据工作任务的需要确立工作岗位，根据岗位工种确定岗位职务范围，根据工种性质确定需要使用的设备、工具，需要达到的工作质量和效率；然后再明确岗位环境和确定岗位任职资格，确定各个岗位之间的相互关系；最后根据岗位的性质明确实现岗位目标的责任。

明确岗位职责能最大限度地提高工作效率和工作质量。一个企业如果岗位职责不明确，就会出现交代的事情互相推诿，办事拖拖拉拉、效率低等情况，而且一旦出现问题，根本就找不到责任人，执行力更是无从谈起。

尽职尽责是员工对待工作的基本要求。作为员工，无论从事什么工作都应尽职尽责、全力以赴，尽自己最大的努力把工作做好。如果我们每一个员工都能对自己的工作认真负责，不断提高自己的工作水平，一定能将工作做得更好。

尽职尽责是将工作任务执行到位的保障。一些小疏忽就能导致执行的不完美，这就需要我们在进行手中的工作时，认真检查每个环节，看看是否有什么遗漏的问题，确保万无一失。

比如，在进行谈判之前，你应该仔细检查谈判的准备材料是不是已经非常全面，其中有没有什么没有考虑到或者遗漏的问题。即使你在事前已经将谈判的文件核对过，也不应该疏忽大意。曾经就有过这样的案例，在谈判的过程中，谈判者才发现翻译的英文合同比中文合同少了一行字，结果就因为这行字的缺少而给企业造成了巨大的损失。所以，在执行前应该对工作资料再次进行认真检查，彻底解决其中的问题，保证能够正常、顺利地将工作执行到位。

除了在事前进行再三的检查把关之外，你还需要对执行过程中的各种可能性进行考虑，以便在执行的过程中随时加以调整。任何一项成功的获得都缺少不了一流的把关。

贝利作为一名职业演说家，他觉得自己成功的最重要原因就是让顾客及时见到他本人和他的材料。他所在的咨询公司中，有一个员工专门负责将他的材料及时送达客户手中。

一次，贝利要去伦敦做演讲。飞机在芝加哥暂时停下来之后，贝

利便给公司办公室打电话，以确定所有的一切都已安排妥当。

8年前，同样是以主讲人的身份去伦敦参加演讲，也同样是在芝加哥，他给办公室里负责材料准备的莉莎打电话，询问演讲材料是否已经按时送到了伦敦。莉莎自信地回答说："先生，请别着急，我早在6天前就把需要的材料送出去了。"

"那他们收到了吗？"贝利问。

"我是让联邦快递送的，他们保证在两天之后准时到达。"莉莎回答道。

莉莎的这番答话，无疑在对贝利说，她已经获得了正确的信息，包括地址、日期、联系人、材料的数量和类型。她或许还认真地选择了合适的货柜，另外亲自挑选了盒子以保护材料，并且提前几天就交给了联邦快递，这样即使发生意外也不会延误时间。但是，最后的事实证明，她并没有执行到位，材料还是出现了问题。

这已经是8年前的事情了，8年前的经历显然让贝利心有余悸，他担心这次再出现什么意外，于是就接通了现任助手马特的电话："我的材料到了吗？"

"到了，艾丽西亚3天前就拿到了。"马特回答说，"不过我给她打电话的时候，她告诉我听众可能要比之前预计的多好几百人，但是别着急，她已经把多出来的也准备好了。其实，她对具体会多出多少人也没有清楚的预计，因为允许有些人临时到场后再登记入场，这样我怕400份不够，为保险起见就寄了600份。还有，她问我你是否需要在演讲开始之前让每位听众手上都有一份资料。我告诉她你通常是这样的，但这次是一个新的演讲，所以我也不能确定。她决定在演讲前就分发资料，除非你明确告诉她不用这样做。我有她的电话，如果你还有别的要求，今天晚上就可以打电话给她。"

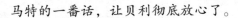

马特的一番话，让贝利彻底放心了。

贝利的故事说明：一流的执行需要有一流的把关。当然，莉莎也是一位非常负责的员工，她的执行力也非常强，从她提前邮寄材料就可以看出来，但是由于她对最后的执行没有严格把关，所以给贝利带来了很大的麻烦。马特做得很好，他能够对自己的工作做到随时把关，任何一个细节他都不会放过。

一流的执行者告诉我们，工作中的事情，不管是不是自己所负责的，只要是与公司的利益紧密联系的，我们都要认真负责，确保能够执行到位。责任心比能力更重要，一个富有责任心但是能力上稍有欠缺的人，可以通过其他途径来保证最后执行到位，而非常有能力却没有责任心的人，常常会因为缺乏责任心，而不能保证将工作执行到位、落实到位。

衡量工作效果，最重要的是看执行的结果，没有结果就等于没有执行。过程重要，但是结果比过程更重要，所以在执行的过程中，一定要对每一个环节都严格把关，如果出现什么问题，要及时补救，保证最终能够执行到位。

## 责任激发热情，赢得工作的成功

如果一个人在工作的时候缺少活力，不仅会影响他个人的工作能力的发挥，还会将这种不良的精神状态传染给其他同事。

在职场中，如果一个人对自己的工作充满了激情，无论他是在哪家公司上班，都会觉得自己所做的事情是世界上最神圣、最崇高的事。即使工作难度再大，或者质量要求再高，他也会认认真真、不急不躁地将它做好。反之，如果一个人整天无精打采，那么无论是谁都不愿意和这样的人在一起，也没有哪家企业的老板会喜欢和重用这样的员工。

事实上，拥有了激情，就意味着获得了动力，而动力恰恰又会为激情提供必要的能量。赋予你所从事的工作以重要性，激情就会自然而然地产生，就算你的工作没有吸引力，但你只要善于从中寻找独特的意义，同样也会有激情的。

如果一个人对自己所从事的工作充满了激情，那么他就会尽自己最大的努力做好这项工作。除此之外，他的自发性、创造性及专注精神等，也都会在工作的过程中体现出来。

雅诗·兰黛一直都是《财富》和《福布斯》等杂志上的传奇人物，这位当代"化妆品工业皇后"白手起家，靠着自己的智慧与对工作和化妆品事业的高度热情，成为全美著名的企业家。她创办的雅诗兰黛化妆品公司，是第一家推出买化妆品赠送礼物活动的公司，并很快脱颖而出，走在了同行的前列。她之所以能够创造出这样辉煌的成就，与她对待工作与事业的激情密不可分。在80岁之前，她每天都能够斗志昂扬、精神饱满地工作十多个小时，她对待工作的态度与旺盛的精力的确让人惊讶。

现实中，有很多人对自己的工作始终都不能产生足够的激情和动力，原因就是他们根本就不知道自己为什么需要这份工作。

事实上，一个人能够拥有一份工作是幸福的。美国汽车大王亨利·福特曾经说过："工作是你可以依靠的东西，是个可以终生信赖且永远不会背弃你的朋友。"拥有亿万财富的汽车业巨子，尚且如此热爱工作，我们似乎更难以找出不热爱工作的理由吧。

从不热爱工作到对工作产生热情，是一个了解并渐渐熟悉工作的过程，随着工作的深入开展，热情就可以转化成激情。

在工作中，激情是你最好的朋友。很多时候，你是否具备狂热的态度，决定了你能否得到期望的成绩，能否拿到订单，更关键的是，这还决定着你能否保住自己的工作。

所谓的激情其实就是高水平的兴趣，是积极的能量、感情与动机。在你的心目中，你所想的决定着你的工作成果。当一个人真正地产生了工作激情后，就会发现自己浑身都是力量。在这种神奇力量的驱动下，你将以完全不同的态度去对待其他人、工作以及整个世界。

对工作充满热情，可以改变一个人的人生道路，下面故事中的威尔斯正是依靠自己对工作的高度热情创造了无数的奇迹。

刚转入职业棒球界不久的威尔斯就遭受到了有生以来最大的一次打击——他被约翰斯顿球队解雇了。球队的负责人认为，他的动作无力，所以让他离开球队，并且对他说："你这么慢吞吞的，根本就不适合在棒球场上打球。威尔斯，你离开这以后，不管到什么地方做任何事，如果再提不起精神来，就永远不会有出路。"

此时，对威尔斯本人来说，除了会打球外可以说是一无所长，他只好去了宾夕法尼亚州的切斯特球队，随后参加了一个级别非常低的棒球联赛。每月25美元的工资，这让他找不到一点工作激情，可是他想："我必须做到激情四射，因为我还要活命。"

在威尔斯来到这个球队的第三天，他就认识了一个老球员丹尼。丹尼劝他不要参加这种低级别的联赛，威尔斯非常沮丧地说："在我还没找到更好的工作以前，我什么都愿意做。"

几天以后，在丹尼的引荐之下，威尔斯顺利地加入了康涅狄格州的纽黑文球队，在这里没有人认识他，更不会有人责备他。在那一刻，威尔斯就暗自发誓："我要成为整个球队中最具活力、最有激情的球员。"这一天也成为他生命中最难忘的日子。

威尔斯每天都如同一个不知道疲倦与劳累的铁人一样，在球场上来回奔跑，球技也提高得非常快，特别是投球，不仅速度快，而且非常有力，有时候甚至能够震掉接球队友的护手套。在一次重要的比赛中，威尔斯的球队遇到了实力强劲的对手，当天的温度达到了华氏102度（约39摄氏度）。球场周围就如同有一团烈火在炙烤，在这种情况下比赛，非常容易让人中暑晕倒，可威尔斯并未因此而退缩。在接近比赛结束的最后几分钟内，因为对手接球失误，威尔斯抓住了这个千载难逢的好机会，快速攻向了对方主垒，从而赢得了决定胜负的非常关键的一分。

这种几乎到了发狂的激情，令威尔斯有如神助，帮他收到了三重效果：首先，让他忘掉了恐惧与紧张，其掷球速度比赛前预料的还要快；其次，他"疯狂"般的奔跑感染了别的队友，使他们也变得充满活力，这让他们在气势上完全压倒了对手；最后，在这么闷热的天气中比赛，威尔斯感觉特别好，这是在过去从未有过的。

这场比赛过后，威尔斯的月薪就涨到了185美元，与切斯特球队每个月25美元相比，他的工资竟然猛涨了7倍多，这也让他有点不敢相信，他根本不知道还有什么能够令自己的工资涨得如此之快！除了"激情"之外。

蓝色巨人国际商用机器公司的人力资源部负责人曾经对记者说："从人力资源的角度来说，我们希望招聘来的职员都能够对自己从事的工作充满激情。虽然有些人对行业涉猎较浅，年纪也较轻，但是一旦他们投入到工作当中，工作中的任何困难也就不能称作困难了，因为这种激情激发了他们身上所有的'钻研细胞'。此外，他身边的同事也会受其感染，从而产生出认真对待工作的激情。"

又如在麦当劳店里上班的员工，他们的工作非常的简单，并且有一套极为有效的生产作业流程作为支援。同时，他们也不会遇到苛刻的要求，与顾客打交道也不会面临什么困难。然而即便面对如此简单的工作，员工们依然对其倾注了百分之百的热情。他们始终面带微笑，很有礼貌地为顾客服务，正是员工们对待工作的那份热情，让他们做事敏捷，工作速度快，服务质量好。

依靠热情，你可以将枯燥乏味的工作变得生动有趣，让自己的生活充满活力。你也可以用热情感染自己身边的同事，让他们理解并支持你，从而拥有良好的人际关系。依靠热情，你可以释放出自身潜在的巨大能量，努力去追求成功。依靠热情，你更可以得到上司的器重与提拔，获得成长与发展机会。

如果一个人缺乏工作热情，就无法始终如一、高质量地完成自己的工作，更不会做出很好的业绩。要是没有了热情，你就永远不会拥有成功的事业和充实的人生。然而，这一切都依赖于责任，只有勇于担负责任，才能充分地激发内心的激情，有了工作激情，才能够赢得成功！

## 敢于对错误负责，才可能有好结果

自己做错了事情，就不要怪别人。错就是错，为什么要把责任推卸给别人呢？要大胆地承认错误，想出解决问题的办法，这才是最重要的。

世界上有两种人：一种人在努力地辩解，一种人在不停地表现，在工作中我们要尽量多去表现，少去辩解，要敢于负起责任。当出现问题时，看看是不是自己的原因，特别是管理者要始终记住一句话：管理者想发挥他的管理效能，就必须勇于承担责任。

因此，责任从本质上说是一种与生俱来的使命，责任就是对自己所负使命的忠诚和信守。只有那些敢于承担责任的人，才能出色地完成工作，才有可能被赋予更多的使命。

承担责任需要有广阔的胸怀，在很多时候，承担责任无异于承担风险，有时甚至要蒙受委屈，而且承担责任还需要顾全大局的自我牺牲精神。作为团队领导，要为了团队的利益，勇敢承担责任、解决问题，这样你的威信也会因此得到提升。

做错了事，如果你真的有责任，就应该接受别人的责备，承认

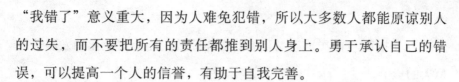

"我错了"意义重大，因为人难免犯错，所以大多数人都能原谅别人的过失，而不要把所有的责任都推到别人身上。勇于承认自己的错误，可以提高一个人的信誉，有助于自我完善。

其实许多事之所以总也没办法解决，实际上还是人们没有好好想办法。真正去想办法，许多问题就会迎刃而解，既然自己想到了，又去做了，为什么在面对问题时要逃避呢？正所谓"办法总比困难多"。最关键的是千万不可为自己寻找借口，要知道借口才是你走上创新之路的主要障碍。

在某家公司的内部会议上，我们可以听到很多类似的推诿。营销部经理说："最近销售不理想，我们得负一定的责任，但主要原因在于对手推出的新产品比我们的产品先进。"

研发经理"认真"总结道："最近推出新产品少是由于研发预算少，大家都知道已经少得可怜的预算还被财务部门削减了。"

财务经理接着解释："公司成本在上升，我们能节约就节约。"

这时，采购经理跳起来说："采购成本上升了10%，这是由于有个矿山爆炸了，导致不锈钢价格急速攀升。"

于是，大家异口同声地说："原来如此！"言外之意便是：大家都没有责任。

最后，人力资源经理终于发言了："这样说来，我只好去考察这个矿山了。"

这样的情景经常在不同的企业上演着——当工作中出现困难时，各部门不寻找自身的问题，而是指责相关部门没有配合好自己的工作，相互推诿、扯皮，责任能推就推，事情能躲就躲，最后问题只能

不了了之。

互相推诿不仅严重影响我们的工作绩效，还会对企业的发展造成巨大的影响。

是自己的过错自己就要勇于承担，这是做人的基本责任。如果惧怕因为错误而给自己带来不利影响，就会很自然地隐藏错误或为自己的错误寻找开脱的借口。其实越想把错误藏起来，错误就越容易被别人发现，这无疑就会阻碍你前进的步伐，减缓你成功的速度，降低你办事的效率。

我们判断一个人是不是有能力的人，并不是看他在一帆风顺时候的表现，而是看他在困难和挫折面前如何开发自己的潜能来应对所处的境况。当你面对因为自己的错误而造成的糟糕局面时，能够从容以对，正视自己的错误，并及时分析，找到错误的原因，然后向领导承认错误，那么结果也不一定会像你想的那么糟糕。千万不要在犯了错误之后想尽办法去隐藏错误，这样的做法是很愚蠢的，因为错误是永远隐藏不了的，隐藏只会让错误更早地暴露出来。

自己的错误要勇于承认，这是一个人责任感的体现。其实，人无完人，任何人都会犯错误，关键是当你犯错误之后能不能正视自己的错误。其实领导们并不是只喜欢能够永远正确按照自己的意思去工作的员工，有时那些犯了错误并能及时去弥补过失、挽回损失的员工，更容易取得领导的信任。

通常人们在逃避指责时，经常会含糊其词，或者故意隐瞒关键问题，或者干脆靠撒谎来逃脱批评与惩罚。比如说，工作爱拖拉的人多半不会轻易承认："我的报告交得迟是因为我不喜欢干烦人的工作，我才不在乎我的延误会不会对别人造成影响呢。我偷懒的时候，从来都是只图自己舒服。"相反，他们会经常说："我家里出了一些事情，影响了工作时间。"

编造借口有时候可以博取同情，一旦赢得了同情，那些工作爱拖拉的人就能免受惩罚并因此自鸣得意。但是，随着编造借口逐渐习惯成自然，撒谎的技巧渐趋熟练，这些人也就积习难改了。养成为逃避谴责而撒谎的习惯，等于做出了一个危险的选择，踏上这条不归路，你就很难再有其他的选择了。如果你对事态的发展真的无能为力，大多数明白事理的人是不会苛责你的。只有当一个人明知故犯并造成恶果时，人们才会对他进行谴责。

如果是这样，你就应该为自己的行为负责。一旦你做出决定，就理应承受相应的责备。人们在做决定时确实会受到种种客观情况的干扰，比如信息不通、缺乏常识、时间紧迫或者注意力不够集中等，如果你真是无辜的，你可以通过事实、证据和逻辑驳斥对你的指责，如果你真的有责任，就应该接受别人的责备。

如果你辜负了领导和同事们的信任，若无其事地对他们撒谎，你们之间的关系就会遭到毁灭性的破坏。为了免受应得的责备，有些人会掩盖真相，敷衍搪塞，编造借口，无中生有，这些欺骗的伎俩并非总能奏效，但是其目的却已昭然若揭：不过是想方设法逃避谴责与惩罚罢了。承认"我错了"意义非常重大，只有敢于承认错误，才能获得他人的谅解和信任，才能更好地弥补过失，总结经验，避免再犯类似的错误。

# 第四章

# 减少抱怨，快速执行

　　上下班途中，我们经常会听到很多人在抱怨自己的工作、自己的同事，甚至是自己的上司。听别人抱怨的同时，你是否也曾有过相同或相似的抱怨呢？其实我们大可不必这样。抱怨只能得到他人的一些宽慰，使不满情绪得到暂时的缓解，但持续的抱怨会使人在思想上产生动摇，进而产生敷衍了事的想法。

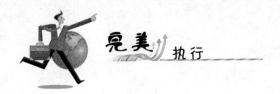

# 态度决定一切

工作对你而言意味着什么？只是维持生活的薪水，还是成就自己人生的事业？一位智者曾经说过：人的一生中，可以没有很高的名望，也可以没有很多的财富，但不可以没有工作的乐趣。

工作是人生中不可或缺的一部分，如果从工作中只得到了厌倦、紧张与失望，人的一生将会多么痛苦！令自己厌倦的工作即使带来了名与利，也没有什么光彩！

带给自己工作乐趣的不是最后到达了终点，而应当是工作的历程。工作不是为了生存，而是要给个人的生活赋予意义，给自己的生命赋予光彩。

汤米是一家电脑公司的业务主管，现在这家公司的生意相当红火，公司的员工对待自己的工作也充满了热情。

但是，以前并不是这种情况，那时公司里的员工们都厌倦自己的工作，他们中的许多人都已经做好写辞职报告的准备了。汤米的到来改变了这一切，他对待工作充满了激情，这种精神状态点燃了其他员工胸中热情的火焰。

每天，汤米总是第一个到达公司，并微笑着与每一个同事打招呼。工作时，他容光焕发，好像工作给了他无穷的力量。在工作的过程中，他调动自己身上的潜力，开发新的工作方法，工作成效非常显著。在他的影响下，公司的员工也都早来晚走，斗志昂扬，纵然加班到很晚，也舍不得离开自己的工作岗位。因为汤米经常保持这种激情四射的工作状态，在很短的时间内，便被经理提拔到主管的位置。在他的感染和带动下，员工们也一个个充满了活力，公司的业绩不断上升。

汤米的成功在于他内心始终对工作保持着火一般的热忱，无论外界环境怎么样，始终斗志昂扬、激情四射地去工作。可以说，正是他积极热忱的工作态度成就了他骄人的业绩。

如果你对工作没有热情，表现得很消极，那你就不可能在工作上取得任何成就。如果你认为你自己的能力差，条件不足，注定失败，是二流员工，那么你自甘平庸的工作态度真的会让你的工作也流于平庸。

相反，如果你认为自己很重要，有足够的条件去获得成功，是第一流的人才，自己的工作也十分重要，那么你很快就会迈上成功之路，你工作的态度直接决定了你的工作成就。

事实上，一个长期认为自己工作重要的人，能接收到一种心理"信息"，从而知道如何把工作做得更好。很多时候，一件做得更好的工作意味着更多的升迁机会、更多的工资收入、更多的权益以及更多的快乐体验。

有一位父亲告诫他的孩子说："无论未来从事什么样的职业，如果你能够对自己的工作充满热情，那么你就不会为自己的前途操心了。因为在这个世界上，散漫粗心的人到处都有，而对自己的工作善始善终、充满激情的人却很少。"

有人曾说："一个人，如果他不仅能够出色地完成自己的工作，

而且能够借助极大的热情、耐心和毅力，将自己的个性融入工作中，令自己的工作变得独具特色、独一无二、与众不同，具有强烈的个人色彩并令人难以忘怀，那么这个人就是一个真正的艺术家。而这一点，可以用到人类为之努力的每一个领域——经营旅馆、银行或工厂，写作、演讲、做模特或者绘画等。将自己的个性融入工作之中，这是具有决定性意义的一步，是一个人创造辉煌业绩的重要一步。"

每个人都有不同的职业轨迹。有人成为单位的骨干（也就是核心管理层），受到领导的器重；有人一直碌碌无为，不被人知晓；有人牢骚满腹，总认为自己与众不同，而到头来仍旧一无是处……凡此种种，除了少数具备某些天赋的人之外，大多数人的禀赋都相差无几。那究竟是什么在造就我们、改变我们？是态度，是认认真真的工作态度，是求精、求专、求博，用心去工作的态度！态度是一个人内心的一种潜在力量，是个人的能力、意愿、想法、价值观等在工作中的种种表现。

态度决定一切。一个人工作态度的优劣直接决定了他工作成就的高低。你可以选择积极地做完一天的工作，也可以任由自己陷于被动和消极的情绪中。既然你无法逃避自己的工作，为什么不积极地对待它，像故事中的汤米一样，满腔热忱地去工作，让自己的生活充满了热情和干劲？

事实上，不管你所工作的机构有多庞大，也不管它有多么复杂，每个人在这个机构中都能有所作为，而卓越的工作表现，需要积极的工作态度来配合。当然，一开始你可能会觉得保持这种态度很不容易，但最终你会发现这种态度成了你个人价值的一部分，而当你体验到他人对你的肯定给工作和生活所带来的帮助时，你就会一如既往地保持这种态度来做事了，并将这种态度内化为自己的品质。

态度就是竞争力。积极的工作态度始终是使你脱颖而出的筹码，拥有了它，你将在竞争激烈的职场上做得更好，走得更顺利。只有把主动权握在自己手里，工作起来才能得心应手。

## 抱怨会使人们失去理智

理，即理性，是具有逻辑性的见解；智，即智慧，是机智行事的方法。一个人有主见、有方法，无疑会比一般人生活得更快乐，也更容易获取成功。而抱怨，则会让人丢失正常的理智，最后毁于自己的情绪化。

在我们的周围，喜欢抱怨的人很多，人们因为抱怨而徒增的烦恼、造成的不利则更多。永远不要抱怨，如果能够改变，就努力地改变，如果不能改变，就欣然地接受。我们越是不愿忍受，就往往越难以忍受，越难以忍受也就越不愿忍受，如此恶性循环，极易导致心理失衡。

抱怨会破坏我们原本积极的潜意识。曾经抱怨过的朋友都知道，只要我们的头脑中一有抱怨的意识，我们就会立即停下或者放慢手中的工作，为自己鸣不平，甚至不顾一切地找到对方讨公道。如果得不到我们想要的结果，不是大骂世事不公，就是哀叹老天无眼。久而久之，不仅会影响工作和生活，还会影响心情和心态。而真正的勇者，他们从不抱怨，他们总是能冷静地看待世界，审视自己，最终成就自己。

　　生活中，有相当一部分人有过抱怨自己的身体不舒服的经历，但是这些人却并非真的生病，而是因为他们知道"病人"的角色能让他们获得附带的好处。抱怨可以赢得同情，但是这里有一个度的问题，如果你认定抱怨一定会赢得他人的同情，无疑是大错特错。

　　所以，试图通过抱怨别人或抱怨环境，以期得到他人的认可，其实是最不明智的做法。也许有的环境确实不太适合你，但是与其抱怨，你还不如选择离开。当你选择留在这里的时候，就应该为适应它而努力。唯有高度的敬业精神和忠诚，才有可能改变环境和他人对你的看法，实现企业和个人的双赢。否则，即便是自己创业，这种恶习也会给你带来各种不利影响，甚至直接从根本上导致你与成功无缘。

　　要把握住自己的命运就要远离抱怨，懂得珍惜身边的机遇。如果说命运是一卷卷书，那机遇就是里面的一行行字。在每个人自己的卷册里，我们用足迹刻下每一行字。命运本非注定，只是我们往往会忽略掉改变命运的机遇。机遇对每个人都公平，只不过不善于把握机遇的人常常任由它从眼皮底下溜走。

　　要想成为把握机遇的人，应该抛弃幻想，杜绝抱怨，否则即使躺着真的能等到天上掉下的馅饼，并且馅饼正巧直直地落进你的嘴巴，你也会因为吞之不及而被噎着。要想成为把握机遇的人，应该为机遇做准备，努力学习，努力生活，使自己能有足够的条件去驾驭机遇；要想成为把握机遇的人，应该坚守自己的领地，因为每个人都有自己的舞台；要想成为把握机遇的人，应该收起抱怨，因为抱怨总能使你在哀叹中失去更多的机会。

　　偶尔的抱怨无可厚非，但经常抱怨，就如同往自己的鞋子里倒水，抱怨越多，行路就越艰难。困难和挫折是一回事，抱怨是另外一回事，更为重要的是，原本愉悦的心情会因为抱怨而变得低落甚至哀伤。你可以选择你要的人生，不过抱怨只会让事情更糟糕。你可以选择从早到晚抱怨别人，也可以在觉醒后奋力振作，它不一定是推翻过去所有的生活步调，它可以是一个当下念头的转变，或是一个行为的修正。不放纵自己的言行，让自己的善言善行慢慢变成良好的习惯。

抱怨只是逃避责任的表现。如果你发现自己在抱怨，立刻停止，然后问问自己，为什么不能努力去改变现状，让自己的生活更有意义呢？也许用不了多久，你就会发现，你原来也是如此快乐。

鲁尔逊和汤姆同时被公司解雇了，这如同晴天霹雳。

鲁尔逊在找不到其他工作时，干脆自己做起了小生意。这是他第一次当老板，做自己以前不想做也不熟悉的事。虽然面临很多的困难，但鲁尔逊却突然觉得生活更有意义，更具有挑战性，并认为这一切都是"晴天霹雳"带来的好处。

面对失业，汤姆却借酒浇愁，抱怨上天不公。他不愿重新去找工作，也不愿像鲁尔逊那样自谋生路，而是一味地怨天尤人，终日咒骂上苍的不公平。

若干年后，鲁尔逊和汤姆在大街上相遇了。这时的鲁尔逊作为一个施舍者，向街边一个年老的、衣衫褴褛的乞丐递过去10美元，而那个伸着双手、跪在地上的乞丐正是汤姆。

同样的境遇，两人面对"晴天霹雳"时不同的心态，造成了他们人生的天壤之别。

其实，不管你的心情如何、你的状态如何，工作迟早要做，生活还要继续，有发牢骚的时间，不如多思考一下：事情为什么会这样？我所面对的困难应如何解决？怎样才能达成我的目标？

不论我们遭遇到什么境况，如果只是喋喋不休地抱怨不已，注定于事无补，而且还会把事情弄得更糟，而这绝不是我们想要的局面。反之，如果能够积极地调整自己的心态，由消极变为积极，由推诿变为主动，由事不关己变为责任在我，那么我们便会在逆境中产生巨大的力量，不断地取得成功。

总之，无论是为了证明自己，还是为了解决问题，一味地抱怨只会让我们失去理智。如果不希望事情继续变糟糕，就必须放弃抱怨，用实力证明自己，用理智解决问题。要永远记住一点，我们的最终目标是解决问题，而不是发泄情绪。

## 做一个冷静稳重的智者

我们经常会看到这样一些场面：面对变故，一些核心人物总会大喝一声"慌什么"！这句话一半是提醒别人，另一半则是在暗示自己。惊慌容易使人失去正常的思考能力，使人丢三落四，语无伦次。

理智的人在危险面前能保持头脑清醒，因此能临危不惧，转危为机，化险为夷。

因此，培养稳重的习惯是非常重要的，这样我们在任何场合都能应对自如。相反，不稳重不仅会使我们自己无法正常思考，而且会让周围的人慌作一团。

人需要冷静。冷静使人清醒，冷静使人聪慧，冷静使人沉着，冷静使人理智稳健，冷静使人宽厚豁达，冷静使人有条不紊，冷静使人少犯错误，冷静使人心有灵犀，冷静使人高瞻远瞩。

那些有辉煌成绩的人物，都曾经有战胜一切阻碍其发展的力量的经历，当然他们最先战胜的是自己的情绪，因为只有战胜了自己的情绪，他们在关键时刻才会显得从容不迫，接下来的一切才会变得简单起来。要想成为一个成功人士，就必须先成为一个从容不迫的人，就必须养成稳重的好习惯。

在我们心灵深处，总有一种力量使我们茫然不安，让我们无法宁静，这种力量就是浮躁，它是成功、幸福和快乐最大的敌人。从某种意义上讲，浮躁不仅是人生最大的敌人，而且还是各种心理疾病的根源，它的表现形式呈多样性，已渗透到我们的日常生活和工作中。

面对金钱、美色、物欲的诱惑时，人需要冷静；当得意、顺利、富足、荣耀时，人需要冷静；面对错综复杂的事物时，人需要冷静；被人误解、忌妒、猜疑时，人同样需要冷静。

在大是大非面前，我们应该保持冷静，一个人如此，一个企业更应该如此。

如果一个企业浮躁，这个浮躁的企业终会没落；如果一个人浮躁，这个浮躁的人终会失去自我。做学问也好，办企业也罢，都不能有半点浮躁。我们对待事物的正确态度应该是：平和冷静，脚踏实地，不以物喜，不以己悲。浮躁使得我们缺乏幸福感，缺乏快乐。其实，浮躁就是失衡的心态在作祟，一旦丧失了心理调节功能，价值取向和行为规范便会发生倾斜，甚至最后会发展到人格的严重扭曲。

在历史上，不乏稳重成大事的人。诸葛亮坐镇守城，面对司马懿几十万大军临危不惧，那种安定沉稳、面不改色的状态，弹琴曲调柔和、音韵不改的气势让人敬佩；拿破仑每每遇到大战险情，那种镇定

指挥、遇事不慌、化险为夷的气魄值得赞叹。他们在困难面前，不是满腹的抱怨，而是临危不惧，稳重自若，最后才成就了一番事业。

抱怨只会使人远离成功，走向失败。在生活和工作中，只有保持稳重才能在竞争中不慌不乱地发挥智谋，牢骚与抱怨则于事无补，最终只能功亏一篑。

在美国有一位具有27年飞行经验的飞行员。在一次采访中，他介绍了他的飞行经历中最不平常的一件事。

在第二次世界大战期间，他是一名海军飞行员。一天，他们接到战斗命令，从航空母舰上起飞后，飞往目的地。他按要求把飞机升到距离海面300英尺（1英尺=0.3048米）的高度做低空突袭。300英尺低空飞行在今天可能不算什么，但在当时，这已经是很低的飞行高度了。

正当他以极快的速度下降并开始做水平飞行的时候，他的飞机左翼突然被击中，整架飞机翻了过来。

人在飞机中是很容易失去平衡感的，尤其在天和海都是蓝色的时候。这时，他需要马上判断自己的位置，以便决定自己应该向上还是向下操纵他的飞机。但是，在最初的那一瞬间，在那生死攸关的关键时刻，他没有去碰驾驶舱里的任何控制开关，只是强迫自己冷静、理智，很快他发现蓝色的海面在他的头顶上。这时他才知道自己确切的位置，知道自己的飞机是翻转了，然后他迅速地推动操纵杆，把位置调整了过来。在那一瞬间，如果他冲动地依靠自己的本能，慌乱地操作，那么他可能会把大海当作蓝天，一头撞进海里，葬身鱼腹。这位老飞行员在回忆过后，语重心长地对记者感慨道："是我的冷静挽救了我的性命。"

　　一切都在变化之中，发生突发事件是难免的。老飞行员之所以能挽回性命，正是靠他的沉稳和理智。可稳定的情绪来源于何处？答案是来源于正视事实，接受事实。理智的人在危险面前能保持头脑清醒，因此能临危不惧，化险为夷。

　　这个浮躁、善变、功利的社会需要冷静者、坚持者、挑战者。冷静的习惯有助于我们消除自己的浮躁心，可以让我们真正平静下来后再投入社交活动，投入工作，投入生活。冷静的习惯是我们为人处世的好帮手。

　　一个大气从容、成熟稳重的人，总是把冷静这种习惯带入自己的处世过程中，从而成就自己。

## 面对困难，保持乐观天性

　　在日常生活中，我们会遇到大大小小的问题，比如工作压力、人际关系、情感问题等。面对这些问题，有些人会采取这样一种应对策略：保持乐观，维持一种积极的心态，使自己相信事情没有想象的那么糟。

　　这种策略有效吗？过去的研究得到了不一致的结论：一些研究发现，保持积极的错觉确实可以提高人们的心理健康水平；另一些研究证明，那些面对现实的人心理状况更好。

　　有人常说："人生不如意事，十有八九，常想一二。"人一生中不如意的事情多着呢，但我们不能总为那些不如意的事情心烦意乱。

乐观主义者的成功就在于他们能在短暂的烦躁后重新审视自己的生活，理智地思考自己哪些做得好，哪些做得不好，然后重整旗鼓，再次上路，所以面对同样的困难，乐观者总能理智地处理。

当然时刻把笑容挂在脸上并不是真正的乐观，也许心里正为某些事情而烦恼呢。有时勉强挤出来的笑容只会给自己增加更大的心理负担。乐观不是压抑自己的情感，压抑下的感情永远都有令人烦心的问题，都有被烦躁笼罩的阴影。

真正的乐观是建立在对人生的正确认识和对困难的勇敢面对上，从而使自己作出正确的判断，不至于陷入困难所带给人的不悦中。乐观者脸上的笑容是发自内心的，面对不如意的事，他们会对自己说："不要担心，风雨过后终会出现彩虹，我们没有必要为这些让人心烦的事情黯然神伤，不能自拔。我们现在应该做的是养精蓄锐，为以后新的生活勇敢奋斗。"

有这样一个故事：

一个商人驾车出游，行驶在一条漆黑无人的小路上，突然轮胎没气了。四下张望，他最后发现了远处农舍的灯光。他边向农舍走着，边想："也许没有人来开门，要不然就没有千斤顶。即使有，主人也未必肯借给我。"他越想越觉得郁闷。当门打开的时候，他一拳向开门的人打过去，嘴里喊道："留着你那破千斤顶吧！"

这个故事看后令人发笑，因为商人简直像个神经病，主人还没有任何表态，他却先把人家打倒了，这就是消极思想在作怪。

保持乐观的人生态度，你会发现生活中那么多的不快都不过是自己给自己添麻烦，都是可以避免的。这时，你也许会感叹："世界如

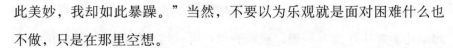

此美妙，我却如此暴躁。"当然，不要以为乐观就是面对困难什么也不做，只是在那里空想。

每当遇到挫折与困难的时候，人们常常这样想："老天怎么总是和我对着干？""完了，我肯定无法按时完成上司交给我的任务了。""我怎么总是把事情弄得一团糟。"如果你想的是厄运和悲哀，那么厄运和悲哀就会到来，因为消极的词语会破坏一个人的自信心，不能给人以任何鼓舞和支持。

杰克·弗雷斯从13岁起就开始在他父母的加油站工作。弗雷斯起初想学修车，但他父亲却让他在前台接待顾客。当有汽车开进来时，弗雷斯必须在车子停稳前对客人表示欢迎，然后去检查油量、蓄电池、传动带、胶皮管和水箱。弗雷斯在工作中注意到，如果他活干得好，大多数顾客还会再来。于是弗雷斯每次总是多干一些，帮助顾客擦去车身、挡风玻璃和车灯上的污渍。

有一段时间，每周都会有一位老太太开着她的车来清洗和打蜡。这个车的车内踏板很难打扫，而且这位老太太每次都将它弄得很脏，人还很难打交道。弗雷斯每次将车清洗好后，都要仔细检查好几遍，并让弗雷斯重新打扫，直到她满意为止。终于有一次，弗雷斯忍无可忍，不愿意再伺候她了。

这时，他的父亲告诫他说："孩子，记住，这就是你的工作！不管顾客怎么样，你都要记住做好你的工作。"父亲的话让弗雷斯深受触动，许多年以后他仍不能忘记。弗雷斯说："正是在加油站的工作使我学到了职业道德和应该如何对待顾客，这些东西在我以后的职业生涯中起到了非常重要的作用。"

消极是人生中的大敌，它严重地阻碍了我们走向成功的脚步。因此，凡事要往好的方面想，积极的想法可以为我们提供巨大的精神动力和智力支持，可以促进我们早日走向成功。

当消极的念头出现时，立即用一句"停止"的口令将它打消。在理论上，叫停是件轻而易举的事，但实际操作起来非常困难。要想做到这一点，必须拿出巨大的恒心和毅力。

我们常常听到有些人这样感叹："真没用，我只是个小小的秘书。""我实在是太渺小了，仅仅是个推销员。""我只不过是个打字员，根本配不上人家一个堂堂大学生。"

在进行自我评价的时候，人们常常用一些消极的字眼儿，如"只是""仅仅是""只不过"等来贬低自己。事实上，他们不仅贬低了自己，也贬低了他们正在从事的事业，这对于改变他们所处的现状来说，起不到任何积极的作用。

把消极的字眼儿剔除掉，你才能发现自身的价值，才能给自己一些肯定。你若以一种肯定的语气来评价自己，如"我是个推销员""我是个秘书""我是一名电脑操作员"，你就能发现自己存在的价值和意义，这也有助于你今后更好地完成工作。

有困难没什么，风雨过后自然会出现彩虹。其实困难不可怕，主要是面对和克服困难的过程中要经过炼狱般的考验，不仅仅要承受生活中的压力，还有自己给自己的压力。许多人就是因为承受不住生活的压力，或是战胜不了内心的畏难情绪，而最终选择放弃，这时候我们需要以乐观的心态来调整自己的情绪，以便面对生活的考验，创造更加美好的未来！

## 不止于"嘴上"，落实在行动上

在现实工作中，我们经常能遇见这样的人：只会坐而论道，沉迷于文山会海，夸夸其谈，将讨论、撰写作为落实责任的重心，重视制订计划、准备书面材料等案头工作，用嘴上、纸上的演示代替真正的落实。最终，除了要要嘴皮子之外，还是什么任务都没有落实。

事实上，有时我们很多的讨论时间本来可以大大缩短，因为我们对讲话者的发言很少量化处理，个别讲话者开口不追求言简意赅，而是喋喋不休，离题万里。我们有不少宝贵的时间和机遇就是在这种集体耗费中溜走的。多少年来，有多少人在忍受着这种折磨，但时间久了，反倒成了一种习惯。

坐而论道不如起而先行。当前的问题是"坐而论道"者太多，而很少有行动者。落实责任不能坐而论道，行动起来才是最好的落实，如果真的需要论道，那就让我们边走边论。

执行力最本质的特性就是行动力！一个员工，在接受任务后要做的第一件事，就是马上行动，立即执行，直奔目标。员工的行动力是企业执行力的核心，行动力正是强执行力的最佳体现。

一般来讲，执行力的最佳表现就是行动、行动、再行动。只要你养成"立即行动"的好习惯，保持"言必信，行必果"的工作态度，就能培养出超强的执行力。执行就是要严格遵照指示做事并立即付诸

行动。行动才能产生结果，结果才能证明执行的效果。

落实不仅是一种精神，还是一种行动。这种行动是一旦老板有交代就立即去执行，全身心投入工作之中，一旦老板提出某种号召就积极响应，一旦目标确定就立即行动。这种行动还体现在一旦在脑中闪现某一灵感时，就立即记下来，然后去论证、去行动。

无论是公司领导还是一名普通的员工，光能想出好的点子是不够的，只有把工作落实在行动上，才能得到想要的结果。如果只有心动而没有行动，那么永远都是"纸上谈兵"。

有这样一则寓言故事：

有一天，老鼠大王组织召开了一次会议，紧急商讨怎样对付猫吃老鼠的问题。

老鼠们踊跃发言，出主意、提建议，会议开了很长时间，也没有一个可行的办法。这时，一个号称最聪明的老鼠站起来说："事实证明，猫的武功太高强，死打硬拼我们不是它的对手。对付它的唯一办法就是——防。""怎么防呀？"大家提出疑问。"给猫的脖子上系个铃铛，这样一来，猫走路时，铃铛就会响，听到铃声我们就躲进洞里，它就没有办法捉到我们了！""好办法，好办法，真是个聪明的主意！"老鼠们欢呼雀跃起来。

老鼠大王听了这个办法以后，高兴得什么都忘了，当即宣布散会并举行大宴。可是，第二天酒醒以后，觉得有些不对，于是又召开紧急会议，并宣布："给猫系铃铛这个方案我已批准，现在开始落实。"

"说干就干，真好真好！"群鼠仍然激动不已。

"那好，有谁愿意去完成这个艰巨而又伟大的任务呢？"大王发问道。

会场里面一片寂静，等了好久都没有回应。于是，老鼠大王命令道："如果没有报名的，我就点名啦。小老鼠，你最机灵，你去系铃铛。"老鼠大王指着一个小老鼠说。小老鼠一听，浑身马上抖作一团，战战兢兢地说："回大王，我年轻，没有经验，最好找个经验丰富的吧。"

"那么，最有经验的要数鼠爷爷了，您去吧。"紧接着，老鼠大王又对一个爷爷辈的老鼠发出命令。

"哎呀呀，我这老眼昏花、腿脚不灵的，怎能担当得了如此重任呢？还是找个身强体壮的吧。"鼠爷爷磕磕巴巴，几近哀求地说道。于是，老鼠大王指向了那个出主意的老鼠。这只老鼠"哧溜"一声离开了会场，从此再也没有见到它。最终，老鼠大王一直到死，也没有实现给猫系铃铛的夙愿。

无法将铃铛系到猫脖子上，就如同没有铃铛一样，避免不了危险。想要达到某种目的，必须要有可行的方案，并且将计划落到实处，这样的计划才有意义。

行动表现了一个人敢于改变自我、实现自我的决心，是一个人能力的证明。心里有了一种想法，不付诸行动，却束之高阁，永远都看不到胜利的曙光。美国一位著名成功学大师曾说："一次行动足以显示一个人的弱点和优点是什么，能够及时提醒此人尽快找到人生的突破口。"

而那些聪明的职场人士不仅会时时产生一些"聪明"的想法，而且，他们还会将这些想法及时地在工作中加以运用。他们不会将时间浪费在做梦和犹豫中，而是一旦有了想法，就立即行动，这才是成功的关键。

## 少抱怨环境，改变自我才是根本

日常生活中，我们经常会听到一些人发牢骚：工作多么多么无趣，工资多么多么低，同事多么多么不配合……总结起来，就是抱怨很多，热情却很少。

美国钢铁大王安德鲁·卡内基曾说过："如果一个人不能在他的工作中找出点'罗曼蒂克'来，这不能怪罪于工作本身，而只能归咎于做这项工作的人。"卡内基之所以能够取得巨大成功，主要原因就在于他拥有热情，而且还能以工作为乐。

面对自己不喜欢做的事，有人感到很烦恼，可是讨厌做这件事有什么办法呢？难道去找领导说：以自己的能力，做这种简单的体力活简直就是大材小用，因此希望得到另外一份更好的工作？可以想象得到领导听到这些话之后的神情。或者你干脆就辞职不干了，另外再去找一份工作。

难道就没有别的办法改变这种讨厌的情绪吗？办法总是会有的，关键在于你肯不肯动脑子去思考。秘诀便在寻求的方法上，一味地埋怨和厌烦是无法找到的，而是要通过一种更好的方法才能做到这一点。

因此，我们对于自己所从事的工作，应当多一些热情，以积极乐观的态度对待它，这样你才可以做得更好。如果你能尽自己最大的努力去做自己的工作，不错过每一个机会，那么一直这样坚持不懈地努力下去，成功最终将会属于你。

很多时候，我们自己都没在意自己的抱怨。我们已经习惯于一旦出现任何问题或过错，就先抱怨几句。有人打过一个比方，抱怨好比口臭，当抱怨从别人的嘴里出来时，我们就会注意到，但从自己的口中出来时，却毫无察觉。

抱怨是这世界上最没有用的语言，它不会帮你解决任何问题，反而会加重你的心理负担。越是抱怨，你就越是不幸。

工资少、环境差、任务重、压力大、经常加班……这些问题也许存在，但这不应该成为我们抱怨工作的借口。当你在无休止地抱怨时，哪有时间和精力去想更好的解决方案呢？

与其抱怨薪水太少，不如想方设法让你的能力提升、工资增加；与其抱怨不被重视，不如努力成为公司里最有价值的人；与其抱怨加班频繁，不如在八小时之内完成你的工作；与其抱怨公司平台不好，不如打造自己的核心竞争力……其实，在每一种貌似合理的抱怨和借口背后，都有一种更好的选择，那就是——努力奋斗。

过多的抱怨，不仅会让自己生活在痛苦之中，还会阻碍自己的发展。你想想，上班的时候，遇到点挫折便怪这怪那、怨天尤人、唠唠叨叨，使自己的心情一团糟，还要消极地影响别人。谁愿意与这样的人交往呢？明白了这点，我们的心胸就会宽阔起来，也只有这样我们才能清醒地认识自己，不至于在路上被烦恼牵绊住。如果清楚了这个道理，现在就要停止无休止的抱怨，认真地做好下面几点，这样你的生活也许会是另一种状态了。

以前，大多数工厂里的工作都是一些体力活，所以只需要员工动动手和脚就可以了，然而到了信息技术较为发达的今天，工作性质发生了巨大的变化。现在企业的发展不仅仅需要传统的熟练工人，同时

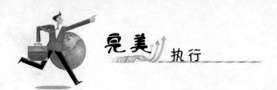

还需要能够适应新形势、掌握新技术，积极寻找方法去工作的新型员工，他们才是市场经济中最受欢迎的人。

可以说在市场竞争无比激烈的今天，企业已经没有多余的精力及金钱去雇用一些不爱动脑的人。企业需要的人才，是拥有创意及应变能力的员工，能帮助企业解决问题的员工。

一个企业总经理对他的员工说："我们的工作，并不是要你去拼体力，而是需要你带着你的大脑来思考。"这也就是说，在当今的经济条件下，一个好员工应该勤于思考，善于动脑分析问题和解决问题。

然而在公司里，有些员工缺乏思考问题的能力，也缺乏解决问题的能力。他们在遇到问题时，不知道去多问几个"为什么"，多提几个"怎么办"，而是逃避问题，这样的员工不仅不受企业的欢迎，而且在职场上也难以生存和发展。

同样一项工作任务，有的员工可以十分轻松地完成，而有的员工还没有开始就时不时出现这样或那样的问题。比如在生产一线，同一个时段里、同一台设备，生产同样的产品，让不同的人来做，产量和质量就不一样。这除了与个人反应能力等先天条件有关外，关键就在于有的人用大脑在工作，想方法去解决问题，考虑如何用有效的方法在最短的时间内生产更多、更好的产品，而有的人仅是用双手在生产。

在工作时多动脑筋、勤于思考的员工肯定比只用四肢工作的员工更有工作绩效，同时肯定更受企业欢迎。

换一种心情对待不如意的事情。同一件事，角度不一样，想法不一样，可能得出来的观点就不一样。比如别人对我们说了难听的话，从我们的角度说当然很生气，但如果站在对方的角度呢？也许他在为我们提意见呢！一个好的故事可以单纯欣赏，也可以成为改变一个人的契机，认识到自己需要改善的地方，并且努力去完成，才是真正有勇气的人，而成功总是属于那些坚持到底的人。

适当改变自己。每一个人其实都想过更好的生活，关键就在于你是否希望改变自己。天下没有免费的午餐，有一分耕耘才会有一分收获，如果你希望拥有大成就，你就必须具备像赢家那样的思考方式或行为规范。

一个明智的人是不会轻易抱怨工作的，即使是在遭遇挫折与苦难的时候，他也不会把一切不幸都归咎于命运的不公。职场人应少抱怨、多感谢，与其满腹牢骚、整天唉声叹气，倒不如改变自己，调整自己的心态。人生是一面镜子，你对它哭，它就会对你哭；你对它笑，它也会对你笑。工作也是这样，如果你想抱怨，工作中的一切都会成为你抱怨的对象；如果你不抱怨而是积极想办法改进，那么工作中的一切也就会朝着好的方向发展。

优秀员工不会选择抱怨，因为他们会明白这样的道理：不能决定生命的长度，但可以控制它的宽度；不能左右天气，但可以改变心情；不能改变容貌，但可以展现笑容；不能控制他人，但可以管理自己；不能预知明天，但可以利用今天；不能事事顺利，但可以事事尽力！

## 分清轻重缓急，重要的事永远排第一

我们做任何事都要分清轻重缓急，要把最重要的事放在第一位。我们做事应该由先到后，分以下四个层次来进行：首先是重要且紧迫的事；其次是重要但不紧迫的事；再次是紧迫但不重要的事；最后是

不紧迫也不重要的事。

紧急的事不一定重要，重要的不一定紧急。不幸的是，许多人把自己的时间花费在了较紧急的事情上，而忽视了不那么紧急但比较重要的事情。

当你面前摆着一堆事情时，应该问问自己，哪一些是最重要的，把它们作为最优先处理的对象。如果你听任自己被紧急的事情所左右，你的生活就会充满危机。

在正常情况下，大多数员工都能够做到以公司利益为先，但是当公司利益和个人利益发生冲突时，当坚持公司利益可能给个人带来潜在的损失时，你是否还能够坚持以公司利益为先呢？

对于一名把公司的事当成自己的事的员工来说，时刻以公司利益为先已成为他们的一种高度的自觉，企业的利益与他们的责任心已经紧密地联系在了一起。

在工作中我们经常会遇到这样的情况，你本应当站在公司的立场上说出自己的想法和见解，或是你本应该从公司的利益出发来采取某些措施，然而因为你的立场和措施可能会改变公司长期存在的一些习惯，甚至会触犯他人的既得利益，所以你不得不放弃自己的立场，取消改革的行动。甚至你可能就是那个因为不愿意改变现状或不愿意失去现有利益而反对某些好措施的人，无论是被动妥协还是主动干涉，都不是一个负责任的员工所应该做的事。

有一位公司经理看到卡耐基干净整洁的办公桌时感到惊讶，他问道："您没处理的信件放在哪儿呢？"

卡耐基说："我把所有的信件都处理完了。"

"那您今天没干的事情又推给谁了呢？"

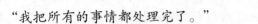

"我把所有的事情都处理完了。"

看到这位经理困惑的神态，卡耐基解释说："原因很简单，我的精力有限，一次只能处理一件事情，于是我就按照所要处理事情的重要性，列一个顺序表，然后就一件一件地去做，这样就能很轻松地处理完了。"

我们为了个人事业的发展，一定要根据事情的重要程度，列出一个顺序表来。人的时间和精力是有限的，不列出一个顺序表，你会对突然涌来的大量事务性工作束手无策。

有些员工每天都要花许多时间来阅读、整理各种文件，但其中有一些往往是无足轻重的。因此我们建议，要学会把注意力集中在那些最重要的文件上，先选出被认为是重要的文件，然后将其分为"应办的""应阅的"和"应存档的"三组。

"分清轻重缓急，设计优先顺序"，这是时间管理的精髓。记住这个定律，并把它融入工作当中，对最有价值的工作投入充足的时间，否则你永远都不会感到安心，你会一直陷于一场无止境的赛跑中却很难获胜。

一名善于管理自己时间的员工，总是使用评估、分配与控制等方法，用排定事件先后次序、制定工作时间表以及分配任务等方式，根据事务的重要性，按先后顺序排列事务清单。凡事都有轻重缓急，重要性最高的事情，不应该与重要性最低的事情混为一谈，应该优先处理。大多数重大目标无法达成的主要原因，就是人们把大多数时间都花在次要的事情上，所以我们必须建立起优先顺序，然后坚守这个原则。

在日常的工作当中，有时除了一些临时工作之外，还可能面临一

些突发事件和问题，因此经常会遇到有一堆繁杂的事情等待处理的情况。一个人的工作精力、时间是有限的，没有好的工作方法，不知应该先做什么后做什么，就会"眉毛胡子一把抓"，往往哪项工作都做不好。既不能把工作落实到位，也不能有效提高工作效率，还可能产生更多更大的问题，造成重大损失。要想做好工作，要想把工作落实到位，还离不开好的工作方法。

不论是面对一堆事情，还是处理一个问题，我们首先要有计划，分清事情的轻重缓急，制订不同的解决方案。在开始处理工作之前，需要花费一定时间制订计划。设定优先事件是必需的，计划投入的精力越多，越有利于工作顺利进行。做好计划是克服拖沓、全力投入该工作的基础和关键。

作为一名员工，只有一心一意、集中精力专注于自己的工作，才能发现工作中细枝末节的问题，才能全力以赴地把工作做好，从而比他人更容易找到通往成功的突破口。否则，就很容易在工作过程中出差错，不但会造成公司的损失，还会让自己丧失工作机会，更谈不上在工作岗位上有所成就。

专注于自己的工作，在工作的时候保持心无旁骛，这需要很多的训练和规范，每一名员工必须从最简单的行动开始。将这些训练规范体现在你的工作日程中，你也会成为一名优秀的员工。也许在刚开始的时候，你会时常发现自己或许不可能完全专注于工作之中，会不由自主地走神，但只要以正确的方式来开始——从ABC开始，而不是从XYZ开始，你也同样可以逐步地投入自己的工作之中。

另外，要想做到专注于工作，受到公司及老板的重视与信任，还必须具备处理琐事的能力，这样才能培养自己专注的精神。实际上，在工作的过程中，每个人都会遇到各种各样琐事的干扰，这是对你把握重要事务的能力和专注工作的能力的挑战，千万不要因纠缠于琐事而停止了前进的步伐，甚至因此而偏离了目标。总之，一个人要想成就一番事业，就必须心无旁骛、全神贯注地做自己的工作，全力以赴于自己的人生目标，这样才会成为公司最受欢迎的员工，才会在自己的人生道路上顺利前行。

也许你确实很有能力，领导指派的每件事都能出色完成，但你不可能一辈子都能这样，选择最重要的事情努力完成，并养成优先处理最重要事情的习惯，对一个人未来的成功一定会有巨大助力。

# 第五章

# 及时复命，高效执行

　　在日常工作中，"差不多"既是不负责的态度，也是不严谨、考虑不周全的表现。要想把工作执行到位，就不能有任何"差不多"的想法和行为出现，否则就会"差之毫厘，谬以千里"！执行到位不仅体现着员工的竞争力，也体现着公司的竞争力。

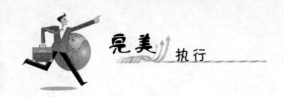

# 将敬业刻在脑海里

如果把"敬业"二字深深地铭刻在我们的脑海里，我们就会积极主动地工作，并能够从中体验到很多快乐，积累许多经验，赢得更大的成就。不过，想要获取最后的成功需要持之以恒的努力，不可能立竿见影。如果我们对工作不投入的话，成功的可能性就微乎其微。对工作粗枝大叶，这对公司的影响也许并不大，但如果一直这样，我们个人的前途也就基本被葬送了。

所以说，敬业就是要尊重自己的工作。工作时要投入自己全部的身心，甚至把它当成自己的事，无论怎么付出都心甘情愿，并且能够做到善始善终。如果一个人能这样对待工作，那一定有一种神奇的力量在支撑着他的内心，这就是我们所熟知的职业道德。

在人类历史上，职业道德一贯为人们所重视，尤其是在经济迅速发展的今天，它更是想成就一番大事业不可或缺的重要条件。要赢得人们的尊重，首先要有基本的职业道德，要有敬业精神，否则，即使你有一流的工作能力，也会因为缺乏敬业精神而被淘汰。

获取真正成功的过程是将勤奋和努力融入每天的工作、生活的过程。著名的投资专家约翰·坦普尔顿通过大量的观察研究，发现出了一条很重要的原理，即"多一盎司定律"。盎司是英美重量单位，一盎司相当于1／16磅，在这里以一盎司表示微不足道的重量。所谓"多一盎司定律"，指只要比正常多付出一丁点就会获得超常的成

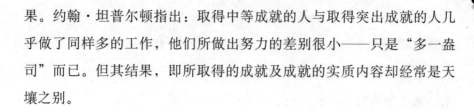

果。约翰·坦普尔顿指出：取得中等成就的人与取得突出成就的人几乎做了同样多的工作，他们所做出努力的差别很小——只是"多一盎司"而已。但其结果，即所取得的成就及成就的实质内容却经常是天壤之别。

我国著名企业海尔的产品合格率之所以能达到一个很高的水准，就是运用了"多一盎司定律"。

由于电冰箱对普通的消费者来说是家庭中的"大件"，所以许多家庭将冰箱买来之后，都放在房间的明显位置。基于这种消费理念，海尔对冰箱的各项技术指标的要求均高于国家标准，其中主要的七项指标实测值均优于发达国家水平。为满足当时用户对高档家电的特殊需求，海尔对外观的优劣、噪声的大小等要求特别严格，如冰箱外观，国家标准要求是1.5米以内看不出划痕，而海尔的要求则是0.5米以内不得看出划痕；对于噪声，国家规定为不超过52分贝，海尔的内控标准为不超过50分贝。

其实，在工作中，有很多时候需要我们"多加一盎司"。每天多加一盎司，累计的工作效果可能就大不相同了。尽职尽责完成自己工作的人，最多只能算是称职的员工，如果在自己的工作中再"多加一盎司"，我们就可能成为优秀的员工。我们应该为自己确立这样的工作标准：对自己的要求要适当地高于老板提出的要求，如果做到这一点，我们就一定能把工作做好。

亨利·瑞蒙德在美国《论坛报》做责任编辑时，刚开始他一星期只能挣到6美元，但他还是每天平均工作13至14个小时，往往是整个

办公室的人都走了，他还在一个人工作。"为了获得成功的机会，我必须比其他人更扎实地工作，"他在日记中这样写道，"当我的伙伴们在剧院时，我必须在办公室；当他们熟睡时，我必须在学习。"后来，他成为美国《时代周刊》的总编。

美国著名出版商乔治·齐兹12岁时便到费城一家书店当营业员，他工作勤奋，而且常常积极主动地做一些分外之事。他说："我并不仅仅只做自己分内的工作，而是努力去做我力所能及的一切工作，并且是一心一意地去做。我想让我的老板承认，我是一个比他想象中更加有用的人。"

"多一盎司定律"几乎可以运用到每一个领域中，这"一盎司"把赢家跟一些普通人区别开来。

在朝气蓬勃的高中足球队中，你会发现，那些多付出了一点努力，多练习了一会儿的小伙子成了球星。他们在赢得比赛的过程中起到了关键性的作用，他们得到了球迷的支持和教练的青睐，而所有这些只是因为他们比队友多付出了那么一点努力。

在商业界、在艺术界、在体育界，在所有的领域中，那些知名的人、出类拔萃的人与其他人的区别在哪里呢？答案就是多努力一点儿。谁能使自己"多加一盎司"，谁就能得到较大的回报。

成败往往取决于一个人的品格。一个勤奋敬业的人也许并不能获得上司的赏识，但至少可以获得他人的尊重。那些投机取巧的人即使利用某种手段爬到了一个高位，也往往被人视为品格低下，这就在无形中给自己的成功之路设置了障碍。不劳而获也许非常有诱惑力，但人们很快就会为之付出代价，进而失去最宝贵的资产——名誉。诚实及敬业的名声是人生最大的财富之一。

遗憾的是，我们当中总是有那么一部分人，他们工作时游手好闲、偷工减料，借口满天飞，还一点都不知道悔改。也许，在他们的脑海中根本就没有"敬业"这个词，更不会想到把"敬业"当作一项神圣的使命。

许多年轻人颇有才华，但却工作散漫，缺乏敬业精神，这种人永远得不到尊重和提升。人们往往会尊敬那些能力中等但尽职尽责的人，而不会尊敬能力很强却不负责任的人。

公司或企业不断发展，老板的财富日益增加，这是每个人的敬业精神所体现的最直接结果，更重要的是，员工个人也会获得巨大的利益，这是不能用金钱来衡量的。

不要满足于尚可的工作表现，只有做得更好，你才能成为不可或缺的人物。在现代企业中，普遍存在着这样一种人，他们认为自己什么都做了。当任务完成得不理想时，他们习惯说："我已经做得够好了。"工作中习惯于说自己"做得够好了"的人是对工作不负责任的人，也是对自己不负责任的人。每个人都有非常大的潜能，如果你能在心中给自己定一个较高的标准，激励自己不断超越自我，那么你就能摆脱平庸，走向卓越。

每个人的潜力都是巨大的。如果你现在仍觉得自己表现平平，那么你的潜力一定还没有得到很好的挖掘。如果你满足于自己在工作中尚可的表现，那就只能处在平庸者之列。事实上，面对激烈的竞争，即使甘于平庸，也不一定能获得所期望的安逸。

满足自己的尚可表现，是你通向卓越的最大障碍。

当你在工作中积极进取，把尚可的工作成绩当成前进的基石，不断提高自己时，你的一切都会随之发生改变。

# 做一个高效的执行者

　　一个高效的执行者所采用的模式应该是这样的：准备—执行—成功。企业需要的是那种具有主动精神的人，而不是那些被人"推着走"的员工。

　　企业每天向员工们不断灌输执行的观念，就一定能够训练出一支具有"罗文精神"和高效执行能力的团队吗？也不一定。其实，有相当一部分员工并不缺乏主动精神和工作热情，他们缺少的是在接受任务以后踏踏实实的准备。某些时候，在盲目主动和热情下的工作效率也是非常低下的。

　　不管你是否承认，现在的社会已经成为一个处处存在着竞争的社会。在这个大环境下，只有有准备的人才能脱颖而出，只有有准备的企业才能走在前面。

　　两个人走在森林里，遇到了一只老虎。其中一个人马上从背后取下一双更轻便的运动鞋换上，另外一个人非常着急地喊道："你干吗呢，换什么鞋也跑不过老虎啊！"

　　换鞋的人却喊道："我只要跑得比你快就行了。"

　　这个换鞋的人非常聪明，他知道，在两个人竞争且只有一个人有机会活命的时候，只有跑在前面的人才能获得生存的机会，而要想跑

到前面，就需要给自己准备一双便于奔跑的鞋。

对于执行，我们需要有激情，如果一接到任务首先充满怀疑，那么团体的目标则可能无法实现。

另外，我们要问清楚自己要做的事是什么，可以提供的支持是什么。最后，不管做的结果怎么样，必须把结果反馈回来。这点很重要，因为领导的决策对不对，是需要经过实践来检验的，所以不管能否完成，我们都得行动。

每一位优秀的员工都应该清楚，公司不会首先承诺给你什么，但如果你给了公司绝对的忠诚，公司一定会回报你，这个回报包括薪水以及荣誉。忠诚与回报，不一定是成正比的，但一定是同步增长的，忠诚度越高的员工，所创造的价值和贡献肯定越多，所获取的回报肯定也越多。

联想集团收购IBM（国际商用机器公司）的个人计算机业务已是一桩非常有名的交易——虽然在2004年12月之前，"国际化"已成为中国商界最时髦的词汇之一，且不乏海尔、华为这样的大胆试水者，但联想集团的大胆收购还是使其一跃成为过去20年来中国企业在海外破冰之旅的巅峰。可以说，联想集团虽然不是起步最早的，但却是走得最快的。

年营业收入在30亿美元左右的联想集团，居然收购了IBM个人计算机事业部，而且动作又如此迅猛，再加上个人计算机领域历来的收购大多以失败告终，联想集团此举的确令人为之捏了一把汗。

一直以来，人们都认为联想集团的董事局主席柳传志是一个典型的现实主义者，没有把握的事从来不干，难道他竟没有意识到这次收

购可能带来的各种风险吗？

面对种种质疑，柳传志是这样说的："情况其实不是像外界看到的那样，我们为这次收购做了充分的准备，很多工作我们都做在前头了，譬如联想更名、赞助奥运等，这会使得联想在国际市场上可以平稳地进行品牌过渡。前面我们已经做了很多铺垫性的工作，但是对外界宣布确实有很大的突然性，主要是因为有保密协议。"

这个社会上的大多数成功者之所以能成功，不是因为他们有多少新奇的想法，而是因为他们自觉或不自觉地进行着一项有效的活动——执行。

看看街边小店中忙里忙外、大声吆喝的小伙计们，他们是优秀的执行者；看看那些装修公司的项目经理们，每天跑十多个工地，与十多个客户洽谈，还要去分散在各处的装饰市场购买材料，毫无疑问，他们也具有出众的执行力。

无论做什么工作，都应该静下心来，脚踏实地地去做。要知道，你把时间花在什么地方，你就会在那里取得成绩。只要你勇于负责、认认真真地在做，你的成绩就会被大家看在眼里，你的行为就会受到上司的赞赏和鼓励。

"千里之行，始于足下。"任何伟大的工程都始于一砖一瓦的堆积，任何耀眼的成功也都是从一步一步的积累中开始的。聚沙成塔，集腋成裘，不管我们现在所做的工作多么微不足道，我们也必须以高度负责的精神做好它，不但要达到标准，而且要超出标准，超出上司和同事们对我们的期望。成功也就是在这一点一滴的积累中获得的。

那些在职场上表现平庸的人都有以下共性：不受约束，不严格要求自己，也不认真负责地履行自己的职责；面对一切岗位制度和公司纪律，都在内心深处对其嗤之以鼻，对于一切指导和建议都持抵触和怀疑态度；在工作和生活之中，动辄以潇洒为借口，以玩世不恭的姿态对待自己的工作和职责；对自己所在机构或公司的工作持嘲讽的态度，稍有不顺就频繁跳槽；只要老板或上司稍疏于管理便懈怠，自甘堕落，如果没有外在监督，根本就不好好工作；对工作推诿塞责，故步自封……任何工作到了他们的手里都得不到认真对待，最终他们只能是年华空耗，事业无成。以这种态度面对工作和生活还谈什么谋求自我发展，提升自己的人生境界，改变自己的人生境遇，实现自己的人生梦想呢？

其实，一个人的忠诚不仅不会让他失去机会，还会让他赢得机会，除此之外，他还能赢得别人对他的尊重和敬佩。人们应该意识到，取得成功最重要的因素不是一个人的能力，而是他优良的道德品质，正如人们所常说的："如果能捏得起来，一盎司忠诚相当于一磅智慧。"

## 提升能力，保证执行

所谓执行力，指的是贯彻战略意图，完成预定目标的操作能力，是把企业战略、规划转化成效益、成果的关键，执行力包含完成任务的意愿、完成任务的能力、完成任务的实际行动和效果。执行力对企业而言就是经营能力，在预定的时间内完成企业的战略目标是衡量企

业执行力的标准。

执行力是企业实现发展目标的重要保障。要提高员工的执行力，一方面要让员工通过学习和实践锻炼来增强执行能力，另一方面要使其端正工作态度。

一项任务的完成除了需要有高度的责任心，需要坚持到底之外，有时更需要想方设法、不折不扣地执行。我们必须要不断提升自己的能力，以保证完美地执行任务，达到预期的效果。

个人执行力的强弱主要取决于两个要素——个人能力和工作态度，能力是基础，态度是关键。我们要提升个人执行力，就要通过加强学习和实践锻炼，在工作中不断总结，不断摸索来增强自身能力素质。端正工作态度，即对待工作不找任何借口，时时刻刻体现出服从、诚实的态度和负责、敬业的精神。面对市场经济的大潮，我们要想立于不败之地，还需要想方设法提升自己的办事能力，提高自己的执行力，增强竞争力。

要提高个人的执行能力，还必须解决好"想执行"和"会执行"的问题，把执行变为自主的行动。有了自主的思想你就可以克服工作中的许多困难。在日常工作中，我们在执行某项任务时，总会遇到一些问题。对待问题我们有两种选择：一种是充分发挥主观能动性，不怕问题，想方设法解决问题，结果就会圆满地完成任务；另一种是面对问题，一筹莫展，不思进取，结果是问题依然存在，任务也就不可能完成。反思对待问题的两种选择和两个结果，我们会不由自主地问：同是一项工作，为什么有的人能够做得很好，有的人却做不到呢？关键是思想观念的问题，是态度的问题。要想切实执行，每个人都要努力提升自己的能力。

无论是企业、机关或其他组织，一切的执行都是为了得到某种

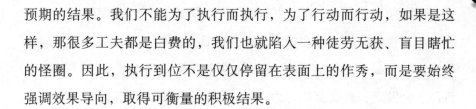

预期的结果。我们不能为了执行而执行，为了行动而行动，如果是这样，那很多工夫都是白费的，我们也就陷入一种徒劳无获、盲目瞎忙的怪圈。因此，执行到位不是仅仅停留在表面上的作秀，而是要始终强调效果导向，取得可衡量的积极结果。

　　美国石油大亨洛克菲勒，是标准石油公司的创始人，也是美国历史上第一位亿万富翁。16岁时，他为了得到一份"对得起所受教育"的工作，翻开克利夫兰全城的工商企业名录，仔细寻找知名度高的公司。每天早上八点，他离开住处，身穿黑色裤子和硬领西服，戴上黑领带，赶赴新的预约面试。尽管一再被人拒之门外，他仍然日复一日地尝试——每星期六、星期日都去，一连坚持了六个星期。在走遍了全城所有的大公司都被拒之门外的情况下，他并没有像很多人想的那样选择放弃，而是"敲开一个月前访问过的第一家公司的大门"，从头再来。有些公司他甚至去了两三次，但谁也不想雇个孩子，可是洛克菲勒越是受到挫折，他的决心越坚定。

　　1855年9月的一天上午，他走进一家从事农产品运输代理的公司，老板仔细看了这孩子写的字，然后说："留下来试试吧。"他让洛克菲勒脱下外衣马上工作，工资的事提也没提。过了三个月他才收到了第一笔补发的微薄的报酬，这是洛克菲勒的第一份工作，是他自己都记不清被拒绝了多少次后得到的工作。他一生都把这一天当作"就业日"来庆祝，而且其热情胜过庆祝自己的生日。

　　洛克菲勒之所以能够成功，关键在于他具有韧性，具有越挫越勇的挫折忍耐力。

　　在实践中我们要做到：专注于目标、具有平和的心态、了解大

势、选定并完善平台、汇集并锤炼团队，只有这样，我们的事业才能够成功，我们的能力才会提升。在竞争日益激烈、变化日趋迅速的当今社会，创新和应变能力已成为推进个人发展的核心要素。只有创新，才会发展。要提高执行力，就必须具备较强的创新能力，充分发挥主观能动性，创造性地开展工作、执行指令。要敢于突破思维定式和传统经验的束缚，不断寻求新的思路和方法，使执行的力度更大、速度更快、效果更好。只有在日常工作和生活中坚持从认真工作做起，努力改变自己的一些不良习惯，养成勤于学习、善于思考的良好习惯，才会变成执行力超强的人。

只有不断地锻炼自己，提升自己的能力，在面对一些突发事件和棘手问题时，我们才不会手足无措。真正的智者与有所成就的人，皆因不断身体力行，不断地实践、总结，才获得不断的提升！

## 坚持不懈，提高执行力

提高执行力要做到坚持不懈，不轻言放弃。无论对于企业还是对于员工，要想干成任何事情，都要努力坚持下去，因为只有坚持下去才能取得成功。执行力也是如此，只有坚持培养自己的执行力，才会获得成功。

第二次世界大战后，英国首相丘吉尔应邀在剑桥大学毕业典礼上发表演讲。邀请方隆重介绍之后，丘吉尔走上讲台。他注视着听众，大约沉默了两分钟，然后说："永远，永远，永远不要放弃！"接着又是长长的沉默，然后他又一次强调："永远，永远，不要放弃！"最后他再度注视观众片刻后回到座位上。

场下的人这才明白过来，紧接着便是雷鸣般的掌声。

这场演讲是人类演讲史上的经典，也是丘吉尔最打动人心的一次演讲。丘吉尔用他一生的成功经验告诉我们：获取成功根本没有秘诀，如果有，只有两条：第一条是坚持到底，永不放弃；第二条就是想放弃的时候，照着第一条去做，坚持到底，不达目的不罢休！

提高执行力是我们每个人成长的需要。我们要靠素质立身、靠品德做人、靠实干进步，最根本一点，就是要有较强的执行力。执行力直接反映出我们的精神状态、能力水平。执行力就是核心竞争力，提升执行力就是提升核心竞争力。在一本书中，有个关于狮子和瞪羚的故事：在非洲，瞪羚每天早上醒来时，知道自己必须跑得比最快的狮子还要快，否则就会被吃掉。狮子每天早上醒来时，知道自己必须超过跑得最慢的瞪羚，否则就会被饿死。不管你是狮子还是瞪羚，当太阳升起时，你最好开始奔跑。我们应当时刻强化危机意识、忧患意识，坚持不懈地提高执行力，保持在竞争中的优势。

以执行力提升竞争力。三分决策，七分执行，没有执行力就没有竞争力。对于重大决策执行有力，就能快人一步，抢占先机，否则就会错失良机，丧失优势。我们要牢固树立执行力就是竞争力的观念，在思想上重执行，在行动上真执行，在工作中会执行，以执行创实绩，对确定的目标、制定的政策、部署的工作，要真抓实干、争创一流，把好思路、好决策转变为发展优势、竞争优势。

以执行力激发创造力。执行的过程也是追求创新的过程。如果墨

守成规、故步自封，这也不去探索，那也不敢突破，一切都是一句空话。我们必须有敢闯、敢试的精神，突破思维定式，扬弃传统做法，做到与时俱进、大胆创新，不为条条框框所束缚，不为外界议论所左右，埋头做好自己的事情，不断开辟的新的发展途径。

以执行力增强凝聚力。执行力强不强反映的既是工作态度问题，也是队伍面貌问题。我们要以干事业凝聚人心，以抓执行积聚力量，上下一条心，拧成一股绳，就能形成"九牛爬坡、个个用力"的局面。

提高执行力要求我们务必要有坚韧不拔的精神。执行过程中，往往不会一帆风顺，肯定会遇到各种各样的困难和挫折，优秀的执行者总会迎难而上，不达目的誓不罢休。

一个人在职场中打拼，不可能一帆风顺、事事遂愿，难免会遭受挫折、不幸，甚至失败。面对挫折与困难，我们要发扬锲而不舍的精神，因为老板不喜欢一遇到挫折和困难便掉头就跑的员工。

任何老板都欢迎那种做事锲而不舍、百折不挠的员工。作为企业，只有具备百折不挠的精神才可能在竞争激烈的市场中克服种种困难，永保旺盛的战斗力；作为员工，只有具备百折不挠的精神才能在工作中不断克服困难，消除障碍，完成工作目标和任务。

保持坚韧不拔、永不停歇的执行精神是一个好员工应具备的最起码最重要的素质。执行在于一以贯之，贵在坚持。在执行过程中，遇见一个困难解决一个困难，坚定信心，坚持不懈地做下去，最终总能达到目的。


美国演员史泰龙曾经是个穷困潦倒的青年，平时睡在他的小车里面，身上只有100美元。为了实现当演员、拍电影的梦想，他到好莱坞各家电影公司去推荐自己。史泰龙由于英语发音不标准，长相又不怎么英俊，跑了500多家电影公司，都被拒绝了。当时他心里想的是：坚持下去，成功就在下一次。他又重新开始，跑回第一家公司去应征当演员，之后又被拒绝了500多次，加起来共有1000多次。他心里想的还是：坚持下去，成功就在下一次……他再次跑回去，向每一家电影公司介绍自己，结果还是被拒绝了。在失败了1500多次以后，他总结了自己失败的原因，于是改变了行动策略。

后来，他写了一个剧本叫《洛奇》，他拿着剧本到电影公司推荐，但一次又一次地被拒绝了。他不断对自己说："我一定要成功，也许下一次就行，再下一次，再下一次……"终于有一天，有一家电影公司同意用他的剧本，并请他担任剧本中的男主角。从此，他走上影坛，靠自己坚韧不拔的精神，演绎了众多硬汉形象，成为好莱坞最著名的影星之一。

所以说，要想成为优秀的执行者，一旦接手某项任务就要坚持到底，绝对不要因为害怕困难或者缺乏耐心而半途而废。坚持到底既是责任感的充分体现，也是敬业精神的重要体现。对工作尽职尽责、坚持到底的员工无论走到哪里，都会受到欢迎和重视。

## 开拓创新，执行才有奇迹

创新是一个民族的灵魂，是一个国家兴旺发达的不竭动力，是一

个企业持续发展的力量源泉！对培养执行力来说，同样需要有创新意识，有创新才更容易执行到位。

创新就是从无到有，实现零的突破；就是从有到优，做到更高更好；就是从优到更优，达到超越一流。然而，无论是原始创新、集成创新，还是引进、消化吸收后再创新，很重要的一点就在于想不想去创新。

创新要冒失败的风险。在实际工作中，一些人因为怕创新失败而不敢创新，因此墨守成规、按部就班、安于现状，不求有功、但求无过就成了日常的工作状态。

有了创新的愿望和创新的勇气，还必须具备创新的能力。在现实生活中，有一种情况屡见不鲜，那就是许多人脱离客观实际，不按客观规律办事，头脑发热，把一味蛮干视为创新。这就涉及什么样的创新才是真正意义上的创新的问题，否定过去，推倒重来，不是创新；不顾条件，盲目蛮干，不是创新；忽视传统，标新立异，也不是创新。我们必须善于把握时代发展的要求和事物发展的客观规律，从现实出发，提高开拓创新的能力。

丰富的知识、开阔的视野是开拓创新的基础。如果不注意加强学习，就难以获得新知识、认识新事物、形成新观念、解决新问题，更谈不上从事新创造、实现新发展。

在遇到问题的时候，我们要不断地追问为什么，多思考几个为什么，这样我们的思想就会逐渐变得深刻，就有可能打开创新之门，寻找到解决问题的办法，这样解决问题的能力增强了，创新能力也会增强。

除了提高解决问题的能力，我们还要培养自己的发散思维，因为发散思维可以使人思路更广，思维更敏捷，办法更加多而新颖，能提

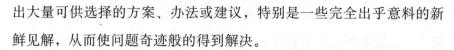

出大量可供选择的方案、办法或建议，特别是一些完全出乎意料的新鲜见解，从而使问题奇迹般的得到解决。

对于前人没有走过的路、没有发展过的事业，要有敢于冒险、敢于尝试的决心和勇气，克服怕出乱子、怕担责任的想法，勇于直面矛盾和困难。要坚持一切从实际出发，认真查找差距、问题和弱点，拓展创新思路，实现新的发展。

## 执行任务重在到位

在工作中，由于一些员工没有把工作做到位，而最终造成巨大损失甚至灾难的案例比比皆是，例如，建筑设计时的一个小小误差就可以使整幢大楼轰然倒塌；随意丢到地上的烟蒂，可以让整幢房屋化为灰烬；生产线工人的一点点失误，就会使一批产品全部报废……

对于现代企业来说，也许最重要的两个字就是"到位"。毫不夸张地说，企业里从来不缺聪明人，但缺那种能够将工作踏踏实实地执行到位的人。

大多数人外出时，总要带上一个旅行杯，旅行杯的盖子一定要盖好、拧到位，否则，杯里的水就会洒出来。旅行杯的盖子如果拧不到位，等于没盖盖子。同样，做任何一项工作如果执行不到位，就难以收到预期的效果。换句话说，如果在最后的关键时刻没把工作做好、做到位，往往就会导致前功尽弃。

执行，特别是重要工作的执行，往往需要花费很高的成本，做大量的准备工作。它的进展对整体运营有举足轻重的作用，如果考虑不周全、布置不周密就贸然行动，很容易造成执行不到位，甚至造成比不执行更糟糕的结果。

崔伟是南方某市一家报社的记者，当时报社最缺乏的就是广告业务。

在一次私人聚会中，崔伟听说自己的一个老同学要到自己所在城市的开发区投资，并计划在当地媒体上投放价值百万元的广告。崔伟认为这是上天给了自己一个在报社出人头地的机会。于是，他积极向那位老同学争取这个广告业务，并最终将其揽入怀中。由于业绩突出，报社准备提拔他为副社长。

开发区举行奠基仪式的那天，崔伟带上了社里最优秀的记者和广告部成员，计划用大幅版面进行宣传。奠基仪式结束后，有位老朋友邀请他去吃饭，由于盛情难却，他向记者和广告部相关人员交代好工作就去了。

当天晚上，他吃到很晚才回家。但是第二天早上，他当副社长的梦就破灭了，原因很简单，这天他们出版的报纸出现了一个最不应该犯的错误。

原来，头版头条的新闻标题本来应该是："××市开发区昨日奠基。"

而摆在他面前的大标题却是："××市开发区昨日奠墓。"

对一向重视有个好"彩头"的南方企业来说，把"基"写成"墓"，无异于当头一棒，更何况这是开发区项目正式启动的第一天。

结果可想而知，老同学一怒之下取消了一百万元的广告订单，报社的声誉也因此受到很大的影响，一些准备在这家报纸上投放广告的客户，也因此取消了自己的投放计划。

工作中的任何环节做得不到位都将影响大局。企业中的每一位员工，都是企业运转的重要力量，每个人的工作质量都有可能给企业带来巨大的影响。也许，因为前台的接待工作不到位，导致上门拜访的客户拂袖而去；也许，因为销售人员的沟通不到位，导致客户另寻他家；也许，因为售后服务工作不到位，导致合作多年的老客户终止合作……

因此，我们必须把"工作执行到位"作为基本的工作准则，并落实到我们的实际工作当中去。

在很多公司中，令老板们最头痛的就是部分员工对公司布置的工作，不是积极努力地去做、按质按量地去完成，而是只做一些表面文章。这些员工不重视日常事务，基础工作做得不扎实、不完善，审核前实行突击战略，只做表面文章，应付了事，这种工作作风导致的实际结果可想而知。

其实，把工作执行到位并不难，只要你端正工作态度，比别人多做一点点，多些对工作的热爱，多些责任心和主动性，就可以把工作执行到位。

肯德基之所以能顺利打入中国市场，很重要的一点就在于它对中国市场进行了充分的调查。通过调查，广泛收集信息，并在此基础上进行科学的决策。

起初，公司经理在北京的几条街道上，用秒表测出人流量，大致估算出每天每条街道上的客流量。他们利用暑期，临时招聘了一些经济类专业的大学生做职员，派这些临时职员在北京设置品尝点，请不同年龄、不同职业的人免费品尝肯德基炸鸡，广泛征求各种意见，详

细询问品尝者对炸鸡味道、价格、店堂设计方面的意见。不仅如此，这位经理还对北京的鸡源、油、盐及北京鸡饲料进行了调查，并将样品数据带回美国，逐一进行分析，经电脑汇总分析得出了肯德基打入北京市场会有强大竞争力的结论。

由此看出，执行到位与不到位，其结果是完全不同的。只有工作执行到位的员工，才能为企业创造价值，才能成为老板心目中的优秀员工。

在现实中，有许多员工只管上班，不问贡献；只管接受指令，不顾结果，他们仅仅是在应付差事，"把事情做得差不多就行"成了他们的行为准则。

海尔集团董事局主席张瑞敏认为：有些人做事最大的毛病是不认真，做事不到位，每天工作有欠缺，日积月累就形成了落后的局面。

张瑞敏就是因为熟知某些人做事不到位，才发明了"日清日毕，日清日高"的管理办法，以此来严格要求员工每天的工作必须当日完成。

张瑞敏常常向员工灌输这样一个理念："说了不等于做了，做了不等于做对了，做对了不等于做到位了，今天做到位了不等于永远做到位了。"

有许多企业都曾提出自己的管理概念和口号，但没有几个企业能像海尔集团那样把概念和口号的内容落实得那么到位。举一个很小的例子来说明，海尔集团可以把执行的概念落实到卫生间里：几点几分谁来清理卫生间，几点几分谁来检查，检查者是否来检查。

工作执行到位的员工，无疑是企业和组织最需要的成员。执行到位不仅体现了员工的竞争力，同时也体现了企业的竞争力。员工的执行力到位了，企业的执行力自然也就到位了。

要做好执行，并不在于事后的反思，而在于事前的计划和布置，以保证将事情做成、做好。执行不到位，就有可能前功尽弃。很多执行工作在实施之前都需要做大量的准备，一旦执行不到位，就会前功尽弃，造成很大的损失和浪费。

执行也是一个系统工程，要层层细分下去，不放过任何一个环节，这样才能保证执行总是到位的。因此，我们更进一步强调：执行不到位，不如不执行！

# 第六章

## 遵守规矩，执行制度

我们应该注重建立制度，提要求，立规定，下文件，同时更不能忽视制度的执行情况。现如今，由于对理论研究不深入，对策落实不多，反馈评估不通畅，导致很多制度的执行没有达到预期成效，这些都是不争的事实，需要我们认真反思，并找出解决问题的方法。

## 制度是执行的保证

100多年前，美国总统西奥多·罗斯福在白宫里一边享用他的早餐，一边在看报纸。这时，他读到了一段令人作呕的描述："工厂把发霉的火腿切碎填入香肠；工人们在肉腔上走来走去并随地吐痰；毒死的老鼠被掺进绞肉机；洗过手的水被配制成调料……"结果罗斯福一跃而起，吐出口中的食物，又把盘中的半截香肠用力地抛出窗外。此后，美国人开始意识到制度建设的重要性。

与制度建设、制度的有效执行相比，道德建设永远都是那么苍白无力，因为人们很容易在利益的诱惑下丧失道德。一个国家的经济发展、社会进步都不能以"人之初、性本善"来作为基点，因为随着竞争的不断加剧，企业之间的你争我夺也日益激烈，这必然导致一些人为了自己的利益而做出违背道德的事情。由此可见，制度建设非常重要。

所谓制度，简单地说就是纪律或规矩，它能够对相关行为做出规范和约束，以确保工作的顺利开展。任何一个企业或部门倘若缺乏制度，势必会像一盘散沙一样，执行也不会有较好的结果。

在管理下属时，哪怕是制度有缺陷，也比没有制度好得多。领导者以制度说话永远比依靠个人发号施令更有力度，下属执行起来也更有效率。在现代企业管理中，制度的重要性是不言而喻的。

企业是由人组成的组织，而人们复杂多样的价值取向和行为特质，要求企业必须营造出有利于形成共同理念和精神价值观的制度环境，并约束、规范、整合人的行为，使其实现目标的一致性，最终有助于实现企业共同利益。所以，在任何单位、任何部门里，都需要规章制度，一套好的规章制度，甚至要比一群管理人员还顶用。

作为一个领导者，必须时刻注意本部门的规章制度，发现不切实际或不合情理的情况要及时纠正，不断改进，这一点很重要。可以这样说，一个好的规章制度，必然需要不断发展，不断改革。这样的规则是活的规则，只有活的规则才有意义。"没有规矩，不成方圆"，这是对管理智慧的经典总结。管理以制度为准绳，这不是一句空话，当领导者意识到规矩、制度是立身成事之本的时候，说明他已经站在了正确执行的起点上。

领导要想管理好下属，制定规章制度是必不可少的。各行各业制定各种规章制度，其目的就是要人执行，若徒具形式，则毫无意义可言。无论制定什么样的规章制度，事前都要详细了解实际情况，整理分析各类问题，再制定规章制度，这样才有意义。若徒具冠冕堂皇的条文，而与现实情形背道而驰，则无异于一纸空文。

某家电器制造厂有一条规定：员工如果延迟交货，其所在车间一律交纳违约金。延迟交货多半事出有因，比如生产过程中遭遇不可抗拒的天灾人祸，或车间重要设备出现了故障等。此项规定有名无实，势必需要修正，如拟订一个折中的办法，以切合现实情况。如果企业领导碍于面子，觉得刚制定的规则，马上又要推翻，怕被下属笑话，那么将来吃亏的还是企业自身。

很多企业的采购负责人都是老总自己的亲信或者股东，在创业初期，也许可以通过感情和道德来对其约束，但是当企业做大以后，很

多琐碎的事情肯定需要分配给下属去做，这个时候制度就变得尤为重要了。设计可量化的工作目标，规定项目完成的期限，详细到每一个工作环节的流程和可评估的工作标准、考核制度和奖惩机制等，才能全方位地对员工的工作和绩效进行监督。例如近期需要采购10000个单位的A原料，单价必须控制在1.5元以下，两天内要完成采购下单，并且供应商可以提供有效的证明。如果这个员工能够连续6个月在公司设定的采购价以下采购原料，他就能得到相应奖励。只有做到这一点，企业管理才能科学有效。

由此可见，制度是执行的重要保证，有了合理的制度，企业才能顺利发展。

## 怎样提高制度执行力

公共选择管理理论认为：在好的制度和制度环境下，坏人可以做好事，在坏的制度和制度环境下，好人可以做坏事，把制度制定好，是提高执行力的重要前提。

好的制度如何制定，关键是抓住制度的"五个维度"。一是理性维度，包括制度出台有没有现实需要，有没有科学的依据，与之相关的制度是否配套等。比如，从现实性的角度看，制度不是越多越好，而是要符合实际、满足需要、切实管用，能解决实际问题，否则制度多了反而形成了"制度阻塞"。二是约束维度。对制度的约束对象必须明确，即"制度内人"明确化。不同制度，"制度内人"的组成有不同的特点，比如说，一般的公共道德准则，"制度内人"是社会上所有人，而针对特殊的从业标准、行业规定，"制度内人"只是特定参与者。三是标准维度。标准要符合实际，能够量化的要尽可能量化。四是时空维度。对制度的时间、地点、背景和环境进行明确。五是情感维度。制度建设要遵循"人本精神"，体现制度对人的情感关怀，做到公平公正。对一些特殊例外，要作出相应的规定。

明确制度执行的责、权、利。责是从执行的心态来讲，权是从执行的动力来讲，利是从执行的效果来讲。责、权、利是否明晰对执行力的影响较大。当制度执行的责、权、利不明确时，往往会出现执行结果与执行人应该获得利益和应该付出的成本没有直接关联的状况。好坏一个样，就会让制度失去执行力，只有三者均衡才会发挥出成效，推动制度的执行。不同层次的执行者所拥有的权力、利益，应与其相应承担的责任密切相关。

要处理好制度执行的原则性和灵活性。制度执行的原则性与灵活性相比较，原则性是首要的、主要的。对此，美国学者提出了"破窗理论"，"破窗理论"揭示了一个朴素而重要的道理：必须及时修复"第一扇被打破的窗户玻璃"，否则会危及整个制度大厦。强化制度执行的原则性有几项要素：一是要突出"违反制度无小事"的观念，增强"护窗"的自觉性，促进按制度办事。二是要严惩"第一个破窗"者，维护制度的严肃性，对初始违反的人，调整现行的惩处惯例，不能从轻，至少要对照中等程度甚至从重惩处。三是要及时"补窗"，这包含两层含义：一是指加强监督检查，及时、善于发现"破窗"苗头，切不可使检查成为例行公事，敷衍塞责；二是指要努力"亡羊补牢"，举一反三，弥补原来规定之不足，进一步健全完善制度。制度执行的灵活性是指在不违背制度基本原则的情况下，"变通"某些具体实施措施。受事物发展主

第六章
遵守规矩，执行制度

观和客观条件的限制，制度必然有一个完善的过程。执行过程中也需要应对一些新情况、新问题，所以制度执行要有一定的灵活性。制度执行的灵活性与自主裁决权限的增大并不存在必然关系，对此很多人存在一些错误认识。制度执行的灵活性表面上是对制度的不作为或弱作为，但实质上是动态地维护制度，与强化原则性的目标是一致的。

防止制度执行受到干扰。谋求制度外的待遇和利益，必然导致对制度执行的干扰。从制度经济学的观点来看，制度决策者很可能在制度决策过程中追求个人利益的最大化。从信息经济学角度来看，制度执行者是获取制度信息的优势方。因此，干扰制度执行的重点人群常常是两种人：一种是位置比较高的干部，一种是制度执行者。要防止制度执行受到干扰，应做到如下几点：一是领导要带头执行制度。领导不能高居制度之上，而应带头执行，树立良好的榜样。二是要提高执行者的素质。三是要尽可能减少制度执行过程中出现的负面效应。事物往往存在两面性，制度执行也是一样，制度执行对解决问题可能有很好的正面效应，但也可能产生一些负面效应。要想将制度较好地执行下去，就要尽可能避免制度执行的负面效应。

营造制度执行文化。制度执行必依赖制度文化的力量，营造制度执行文化其核心就是要营造尊重制度、以制度作为行动最高准则的文化氛围。具体来说：一是要培养进取向上的行为习惯。二是要树立执行信誉：有令必行，奖罚兑现。强调执行信誉，就能突出制度的严肃性，有效推动制度的执行。三是要培养团队精神。制度的最终执行，需要一个单位或组织的全体人员共同遵守。从这个意义上说，在制度执行方面"一个都不能少"。四是有效激励。提高遵守制度者的地位和经济待遇，给予更多个人发展进步的机会。

只有通过严格的制度管理，打破"人管人"的旧框架，实行"制度管人"的管理方式，并且在企业内部营造一种积极向上的文化氛围，按照层级管理的原则，搞好内部监督和制度执行力考核，同时注重事后责任追究、奖惩实施到位，才能切实提高各项制度的执行力。

## 全心全意、尽职尽责地工作

一个人无论从事什么行业，只有全心全意、尽职尽责地去工作，才能在自己的领域里出类拔萃。

任何一家公司或企业都会要求员工尽最大努力投入工作，创造效益。其实，这不仅是一种行为准则，更是每个员工应具备的职业道德。一个人只有拥有了职责和理想，你的生命才会充满色彩和光芒。或许，你现在仍然生活在困苦的环境里，但不要抱怨，只要你全身心地工作，相信不久以后就会摆脱窘境，获得物质的满足。那些非常成功或在特定领域里相对成功的人士，无一例外地都要经过艰苦的奋斗过程，这也是通往成功的唯一途径。

精通并能很好地完成一件事，要比懂得十件事，却只知皮毛要好得多。美国有一位名人在演讲时曾对学生们说过："比任何事都重要的是，你们要懂得如何将一件事情做好。只要你能将本职工作做得完美无缺，在与其他有能力的人的竞争中就会立于不败之地，至少永远不会失业。"

一位成功的企业管理者说："如果你能真正制好一枚别针，应该比你制造粗陋的蒸汽机创造的财富更多。"

勇于负责的精神说到底就是一种踏踏实实地把事情做好、做到底的态度。

在一家电脑销售公司里，老板吩咐三个员工去做同一件事：到供货商那里去调查一下电脑的数量、价格和品质。

第一个员工5分钟就回来了，他并没有亲自去调查，而是向同事打听了一下供货商的情况，就回来做汇报。30分钟后，第二个员工回来汇报，他亲自到供货商那里了解了一下电脑的数量、价格和品质。第三个员工90分钟后才回来汇报，因为他不但亲自到供货商那里了解了电脑的数量、价格和品质，而且根据公司的采购需求，将供货商那里最有价值的商品做了详细分析和记录，并和供货商的销售经理取得了联系。另外，在返回途中，他还去了另外两家供货商那里了解了一些相关信息，并将三家供货商的情况做了详细比较，制订出最佳的购买方案。

结果第二天公司开会，第一个员工被老板当着大家的面训斥了一顿，并警告他，如果下一次再出现类似情况，公司将会开除他。第二个员工同样受到了批评，因为在老板看来他并没有把工作做到最好。第三个员工，因为勇于负责，恪尽职守，在会议上受到老板的大力赞扬，并当场给予了奖励。

对于一个公司而言，员工必须忠诚于公司的领导者，这也是确保整个公司能够正常运行、健康发展的重要因素。有一段话对忠诚的解释十分精彩，它是这样说的：

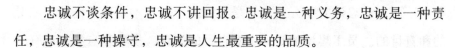

忠诚不谈条件，忠诚不讲回报。忠诚是一种义务，忠诚是一种责任，忠诚是一种操守，忠诚是人生最重要的品质。

忠诚为什么不谈条件？因为忠诚是一种与生俱来的义务。你是一个国家的公民，你就有义务忠诚于国家，因为国家给了你安全和保障；你是一个公司的员工，你就有义务忠诚于公司，因为公司给了你发展的舞台；你是一个老板的下属，你就有义务忠诚于老板，因为老板给了你就业的机会；你在一个团队中担任某种角色，你就有义务忠诚于团队，因为团队给了你展示才华的空间；你和搭档共同完成任务，你就有义务忠诚于搭档，因为搭档给了你支持和帮助……总之，忠诚不是讨价还价，忠诚是你作为社会角色的基本义务。

忠诚为什么不讲回报？因为真正的忠诚是一种发自内心的情感，这种情感如同对亲人的情感、对恋人的情感那么真挚。对祖国忠诚，是因为你热爱祖国；对公司忠诚，是因为你热爱公司；对老板忠诚，是因为你对老板心存感恩；对同事忠诚，是因为你发自内心信任你的同事。

在一项对世界著名企业家的调查中，当问到"您认为员工应具备什么品质"时，他们无一例外地选择了"忠诚"。

忠诚是职场中最值得重视的美德，因为每个公司的发展和壮大都是靠员工的忠诚来维持的，如果所有的员工对公司都不忠诚，那这个公司的结局就是破产，那些不忠诚的员工自然也会失业。

毫无疑问，大多数年轻人对自己的雇主都有一定程度的忠诚之心，至少对于他们现在所从事的工作是这样的。但这样的忠诚在很多时候都表现得有些不够。甚至还有一些人，故意在监督者不在的时候把事情弄得一团糟，这样的人是绝对不能任用的。

当然，我们倡导员工的忠诚，但是同样需要说明的是，员工的这

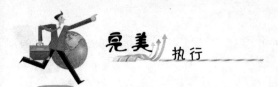

种自下而上的忠诚对于公司来讲是必需的，但并不是无条件的、绝对的和盲目的。员工忠诚的是一个对自己的生存、发展和自我实现有助益的领导者，一个对公司有责任感的领导者，一个能够担当得起公司生存和发展重任的领导者，一个能够让公司健康运行的领导者，一个关心员工、能够为公司奉献的领导者，一个有企业家精神的领导者。忠诚于这样的领导者是有价值的，也是值得的，因为这样的领导者不会辜负员工的满腔忠诚。

## 遵守制度，以身作则

任何制度的有效推行都离不开领导者的身体力行，做遵守制度的典范是身教的重要内容。作为一个领导者，绝不能凌驾于制度之上。如果领导者能自觉地遵守制度，员工就不会轻易地违反制度；如果领导者自己不遵守制度，下级就会步步效仿。口是心非是管理的大忌，作为领导者，言行一致、谈到做到更能得到员工的尊敬与信赖。很多时候，言行不一会严重影响你的管理成效。如果一个人犯了错误，你却拐弯抹角地说些不着边际的话，甚至毫无原则地表扬他，就会使犯错误的人摸不着头脑，更会使所有人失去遵守纪律的自觉性。言行不一的人在任何场合都会受到鄙视，这个道理是不言而喻的。优秀的领导应该尽量赞赏下属的才干与成就，要尽可能地把荣誉让给下级，把自己摆在后面，这样下级就会为你尽心竭力。如果领导的虚荣心太强，处处压抑下级，就必然引起下级的普遍反感。一个人只要工作就不可能不犯错误，关键在于能否承认错误和改正错误。领导者能够勇于承认错误，知错就改，那他就是非常了不起的人。事实上，敢于承认错误、改正错误的人一定会受到人们的尊敬。

随着市场竞争的不断深入，企业管理从粗放到规范精细成为一种必然。要把企业做大做强，打造成行业一流，必须与时俱进地更新管理理念，注重精细管理。只有把每一个管理细节做实做细，从细微处寻求企业的提升空间和发展潜能，才能使企业的发展建立在坚实的基础之上。然而，推行精细管理是一项系统工程，涉及管理的各个层面，涉及工序流程的各个环节和每一项工作内容，需要企业的每一名员工参与。而人们思想上往往难以战胜抱着侥幸心理寻求捷径的诱惑，行为上常常受习惯性作业的影响。不能严格遵守制度成为制约精细化管理的瓶颈。

企业领导处在重要的工作岗位，他们负责企业经营的目标定位、发展思想、资源配置、各种规章制度的出台以及工作的方式方法等问题，对规章制度的执行起到决定性的作用。中层管理者是企业走向成功的重要力量，他们起着承上启下的作用，既是大团队中的一员和伙伴，又是小团队中的领导和教练，他们应具备正确做事和做正确的事的双重能力。企业领导和中层管理者，能通过各方面的工作影响作用于每一位职工。

制度作为一种公共契约，寻求的是个人利益的"公倍数"，在制度中，个人必然要让出一些权利，以服从公共利益的需要。只有以此为基础，让制度内化成为一种行为规则，制度才谈得上有效。正如美国法学家伯尔曼所说："法律必须被信仰，否则将形同虚设。"同样，只有制度意识深入人心，制度这种公共契约才有真正成立的可能。

领导干部应带头执行制度，在执行制度上率先垂范，行动先于群

众，标准高于群众，要求严于群众，模范带动和促进制度有效落实，在管理过程中才能获得良好的执行力。

## 完善制度，提高执行力

　　没有规矩，不成方圆。任何一个企业要想保证战略的有效实施，必须建立一套科学完善并行之有效的规章制度。企业制定制度的目的是保证各方面工作有序运转，提高效率和效益。企业应该依据国家法律法规，并结合本企业的实际情况制定规章制度，把它公布于众，使每一位员工都知道哪些该做，哪些不该做，做到什么标准才行，做好了能够得到什么奖励，做不好会受到什么处罚。通过规范的规章制度来确保整体战略规划的实施，规范员工的行为，做到凡事有章可循、凡事有章必循、凡事有人负责、凡事有人监督。

　　要使制度体系完善起来，企业至少应该建立三个方面的制度：一是保证企业有序运营的制度——运营机制，如企业的组织制度、财务制度、操作规程、安全规程、质量标准、工作标准、管理标准、管理流程等；二是激励方面的制度——激励机制，如薪酬制度、奖励制度、优秀人才评选制度、科技成果评选制度、突出贡献奖励制度等；三是规范员工行为方面的制度——约束机制，如员工奖惩条例、绩效责任制考核条例、责任追究制度、安全生产奖惩条例等。

　　完善的制度对于领导者执行力的提高的作用主要表现在以下三个方面。

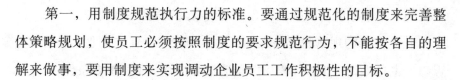

第一，用制度规范执行力的标准。要通过规范化的制度来完善整体策略规划，使员工必须按照制度的要求规范行为，不能按各自的理解来做事，要用制度来实现调动企业员工工作积极性的目标。

第二，用制度统一员工与组织的执行力。既不因过分强调个人执行力的提高而忽视了组织的力量，又不忽略个人的特性和价值体现。

第三，用制度建立执行力激励机制。执行力的激励机制包括薪酬体系、考核机制、奖惩制度、压力制度等。

完善的制度以及认真的执行有利于领导者执行力的提高，但在实际操作中，领导者还应该注意以下两个方面的问题。

一是制度的制定不严谨，朝令夕改。制度的产生源于企业管理的需要，然而有些企业管理层在出台制度前，往往没有深入基层调研，只是凭主观需要进行编写。这样出台的制度只是表面上满足了管理层的需要，根本无法有效推行，久而久之，还会导致管理层与制度执行者之间的矛盾，甚至会影响企业健康、有序的发展。于是很多管理层只好依靠经常性地更改制度来弥补制度中的缺陷，结果却是越改越糟。

二是制度的执行不严格。好的制度出台后能否取得预期的效果还要看执行得到位不到位，合理不合理，这是关系到领导者执行力高低的重要因素。但现实的情况往往是，在制度执行的过程中，大家没有很好地按照管理制度办事，今天一个人情，明天一个特殊情况，导致制度朝令夕改。执行不严格导致好的制度无法发挥好的管理效能。

因此，有了完善合理的规章制度，还要保证这些制度被严格执行。

在很多公司的办公室里，我们都会看到有一些规章制度被挂在墙上，作为一名职员，应该时时刻刻遵守这些规章制度。公司制度是企业的秩序和规范，是确保企业有效运行的法则，如果法则遭到破坏，

公司的正常秩序就会被扰乱，企业的健康发展就会受到影响。

　　企业完善的规章制度是维持正常生产秩序、促进企业发展的有力保障，也是提高员工整体素质、塑造企业良好形象的重要条件。

　　某著名的电视机生产企业有一条规定：不准在工作场所吸烟。这条规定看似简单，执行起来却有很大难度，但是经过一件事后，这条规定在员工中得到了认真的贯彻。

　　20多岁的王路，既有学历，又有技术，深受领导班子的器重，他很快就担任一个车间的副主任。王路在走上中层领导岗位之后，更加积极肯干，表现更加优秀，但是他有一个无法克服的习惯，就是喜欢吸烟。为了执行"工作场所不准吸烟"的规定，小伙子只能在午饭时或者下班后猛吸几口，以解烟瘾之苦。

　　一个偶然的机会，王路发现车间的楼梯拐角处可以作为吸烟的地方，他个人认为这个地方不能算作工作场所。有一次，他又像往常一样在这个地方点着了香烟，刚好被公司的副总经理迎面撞上。副总经理当时虽然没说什么，但是人力资源部很快发出了三条通告：第一，免除王路车间副主任的职务；第二，罚款；第三，全厂公示。

　　公告张贴之后，在整个车间引起了巨大的反响，部分员工认为公司的管理方式太过强硬，采取的惩罚力度过大。但是，在这件事之后，这家企业中再没有人在工作场所吸烟了，这条规定在员工中得到了认真的贯彻和遵守。

　　大的制度要坚持执行，小的制度也不能放松。如果只建立制度而不谈执行，那么这个制度本身的威信就会荡然无存。所以，一个组织要想拥有强大的竞争力，首先要在行动上尊重制度，这样才能从根本上落实执行。一个员工要想全面、快速地发展，也必须在平时的工作生活中严格遵守每一条规定。

每位员工都是企业的一员，有义务遵守企业的各项规章制度，这也是企业对员工最基本的要求。一个连企业的规章制度都不遵守的员工，不是一个好员工，更不可能热爱自己的企业，这样的人会首先被企业淘汰。因此，我们必须时刻提醒自己，时刻严格遵守企业的各项制度。

## 合理利用制度的激励作用

要保证员工按照企业的要求工作，遵守企业的各项制度，提高执行力，激励环节必不可少。合理激励是领导者实施管理过程中不可或缺的方式。

员工在执行时没有动力，没有了干劲怎么办？精明的经理人在这时往往会借用合理的激励方式来引导员工的情绪，让他们达到一种亢奋的心理状态，从而增加执行动力。如何激励才合理呢？这需要灵活运用激励的方式。

什么样的员工需要什么样的激励方式，经理人心里应当有个底。从员工的需求出发，我们可以把员工分为三类：易受他人影响，随波逐流的员工；有自己的目标与计划的员工；其他员工，应该分别依其特点进行激励。

第一，易受他人影响，随波逐流的员工可使用心理愿望进行激励。

这种易受他人影响的员工在企业中大量存在，他们没有太高的心

理期望，没有高度的工作热情，他们曾经有理想但被现实征服，他们有梦想却惰于付出，每天的工作状态就是"走过场""做一天和尚撞一天钟"。对于这类员工，企业管理者不能指望运用大惩小戒的方式来调动他们的工作热情，这样反而会让他们抱怨不断。企业管理者也不能将他们辞退，因为我们不能保证下一批员工不是同一类人，而且这样的成本过于高昂，并不符合实际。

要激发他们的工作热情，提高其执行力，最有效的方式便是进行心理愿望激励，从而激发团队工作热情，形成良好的执行氛围，利用好"近朱者赤，近墨者黑"的效应。

第二，有自己的目标与计划的员工可使用职业发展激励。

有些员工他们有自己的职业目标和职业规划，他们对自己所做的每个选择都十分谨慎，而且他们一旦从事某项工作后，往往就会不断地努力，心无旁骛。这种员工无论在哪行哪业都容易受到企业的重视与欢迎，他们往往是企业内部的精英、骨干，有些甚至是高层管理人员，而企业要做的是将其留下来。在这样的情况下，能否给予他们一个相对独立的板块，让其参与决策并亲自督导执行，是企业能否激发他们工作积极性和创造性，满足其发展欲望的关键。

职业发展的途径主要体现为两条，即职务晋升和能力发展。职务晋升则要求有公平、公开的晋升制度、机会均等，并鼓励竞争晋职；能力发展包括执行过程中的沟通、反馈、指导，以及专业培训、素质训练、拓展训练等，还可以通过参与管理和对话提升其能力。

第三，其他员工可实行合理的薪酬激励。

薪酬是最基本的激励方式，要使员工的努力得以承认，要反映出努力程度或绩效不同而带来的薪酬差异。一般来说，薪酬激励可以通过两种方式来实现：加薪和奖金。加薪作为最常见的一种经济激励措施，把对员工的肯定直接体现在经济收入的提高上，非常直观实在，量化了的金钱可以直接让员工感觉到自己已经实现了的价值。奖金从表面上看是一种单独的、额外的奖励，可变性较大，但其实质仍然是一种物质激励。

但要注意的是，薪酬这种激励方式也是最敏感的一种激励方式，薪酬一方面显示出刚性原则，另一方面还表现为外部攀比心态和内部平均趋同心态。因此企业在设计物质薪酬奖励机制标准时既要考虑外部市场行情和人才的市场价格，还要照顾内部的薪酬体系，否则，物质薪酬不仅不能发挥作用，还很有可能因破坏内部均衡而导致激励作用的扭曲。

企业除了用优厚的待遇激励外，还可以用工作本身来激励员工，这也是提高企业执行力的又一个法宝。工作激励的核心要求是企业管理者从员工成长的角度着手，以达到最大限度地激励员工的积极性的目的。

下面几种激励模式是提高企业执行力的有效模式，常被管理者在实践中运用。

1．让员工参与企业重大事项的决策

如果想让员工兢兢业业地投入工作中，不妨试着让其参与企业的重大决策，并可以提出自己的见解和意见。运用参与企业重大决定的激励方式可以直接把企业管理者的命令变成员工共同的决定，把企业的大目标变成每个员工的小目标，小目标一一实现之后，大目标自然也就实现了。

这是一种比较重要的激励方式，主要有以下几种：

（1）参与决策。参与决策时，每个员工都要在地位平等的基础上参与讨论企业的重大事项，不断增强员工强烈的工作责任心，获得更大的成就感，让他们也有一种重要人物的感觉，从而提高他们的工作绩效。这不仅对个人起到激励作用，还可以保证企业的执行力。

（2）互相沟通协商。企业中的重大决策，有的往往得不到员工的理解，员工无法与领导的决策产生共鸣，有的员工甚至认为自己做的是无用功，于是在工作中消极执行，工作绩效不高。企业的一些重要决策只有经过和员工的沟通，听取员工的有益建议，在细节方面作一些小的改动，才能让员工把企业的目标决策熟记于胸，并建立起良好的反馈机制，正确而及时地解决问题。这样的企业比较民主化、人性化，以沟通协商促进管理。

（3）广泛征询员工意见。企业可以广泛收集员工的好建议，鼓励员工为企业献计献策。一旦采纳员工的意见，要及时给予奖励。如果没有采纳，要说明意见不可行的原因，以争取员工的理解支持，从而提高他们的积极性。

2．目标激励

企业的总目标是全体员工奋斗的方向，当企业的总目标与员工自己的小目标发生冲突时，要以大目标为重，它是引领全体员工的旗帜，也是企业凝聚力的核心。只有把员工自己的人生价值、信念和企业的目标融为一体时，员工才会明白自己不仅是为企业而战，更是为自己而战，这是确保执行力的一条有效途径。

表扬和激励能使员工明确学习的目标和方向，适当的批评和惩罚能够帮助员工认清自我，重新激发工作斗志。有了科学的奖惩，组织的执行力就成了永不停息的发动机。激励就是动力，有了好的激励制度，马不扬鞭自奋蹄，员工就会自发地提高执行力。

因此，要保持和提高执行力，企业必须建立科学、完善的奖惩制度，同时要提高制度的针对性、合理性、可执行性和稳定性，这样才能保证决策得到有效执行。

# 第七章

# 讲究策略，柔性执行

讲究策略的意义在于做正确的事情。有效的执行力来源于正确的策略，有好的策略才能提升执行力，赋予执行过程更多的柔性推动力。好的策略既能促使执行过程的有效进行，更是个人能力的体现。

## 学会转换思路，柔性执行

柔性执行是在融合多种先进管理理念的基础上，通过企业不断深化管理实践，为充分应对内外部环境变化而提出的一项创新管理思想和工具。柔性执行体现了企业实际管理中不断变化的要求，以执行为关注点，倡导执行透明化和执行显性化，追求执行过程的实时监控和实时纠偏，强调沟通在执行和管理中的基础作用，通过建立无边界沟通机制跨越职能和层级障碍，进而转变企业管理模式，提升企业执行力以及应变能力。

在执行工作中，我们并不是一味追求强制执行措施，而是通过分析执行案例的特殊性，采取柔性执行的方式，最终往往能起到事半功倍的作用。

当我们遇到问题的时候，要坚持不懈。秉持不解决问题不罢休的理念是正确的，但是这并非要人们一味地往前冲。在解决问题的时候，我们应当具体问题具体分析，能进也能退。有时候，用迂回的方法会更有效。

曾经有一个律师得了重病，已经无药可救了，而其独生子此刻又远在异乡，不能及时赶回来。

当他知道自己死期将近时，非常担心仆人侵占财产，篡改自己的遗嘱，于是便立下了一份令人不解的遗嘱："我的儿子仅可从财产中选择一项，其余的皆送给我的仆人。"

律师死后，仆人便高高兴兴地拿着遗嘱去寻找律师的儿子。律师的儿子看完了遗嘱，想了想，就对仆人说："我决定选择一样，那就是你。"这样，聪明的儿子立刻得到了父亲所有的财产。

如果你是那位律师，你会怎么做呢？担心仆人侵占自己的财产，但说教、阻止、威胁等手段都无法起到很好的作用，这时该怎么做？其实，律师就是采取了迂回的方法，以退为进，放长线钓大鱼，先给对方尝点甜头，稳住对方，并最终达到自己的目的。

现实中，有许多问题也是如此。如果和对方硬碰硬，过度地强硬，有时并不能取得成功，相反还会将问题弄复杂，很难解决好。这时候，采用迂回的方法，采用"退一步、进两步"的策略，以退为进，柔性地解决问题，可能才是更好的方法。

有一所学校，每年都要举行一次智力竞赛。这一年，智力竞赛又拉开了帷幕，全校的大部分学生都报名参加了这次比赛，竞争非常激烈。终于，经过艰苦角逐，全校选出了八名聪明的学生，大家都等着看哪一位能获得第一名。

校长把参加决赛的八名选手带进了教学楼第一层，指着八间教室，又指指大门，说："我现在把你们分别关在八间教室里，门外有人把守。我看谁有办法，只说一句话，就能让门外的警卫把你放出去。不过有两个条件：第一，不准硬闯出门；第二，即便出来，也不能让警卫跟着你，也就是说出来的理由要够充分，让他心服口服。"校长说完，微微一笑："好了，孩子们，你们可以开始了！"

八位学生各自走进了一间教室，思考着说一句什么样的话，就能让警卫放自己走出教室。然而，四个小时过去了，还是没有一个人发出声响。正当别的同学翘首期盼的时候，有个学生很惭愧地低声对警卫说："警卫叔叔，这场比赛太难了，我不想参加这场竞赛了，我认输了，请您让我出去吧。"警卫听了，打开了房门，让他走了出来。看着这个临阵退缩的小家伙垂头丧气地走出了教室，警卫惋惜地摇摇头。然而这个刚走出教室的小家伙又回来了，他走到大厅里，对校长说："尊敬的校长，按您的要求，我办到了！警卫叔叔给我打开了门，而且没有跟着我。"

校长伸出手一把抱起了这个孩子，高兴地说："孩子，你是这次竞赛的胜出者！你是最聪明的！"

以退为进，这是一种自我表现的艺术，也是一种生存竞争的策略。有时候，不去刻意追求反而有所得，追求得太迫切、太执着则未必能够如愿以偿。

在上面的故事中，如果总想着如何才能让警卫放自己出去，总想着得第一名的话，通常会采取冒进之法，其结果势必使警卫从头至尾保持更高的警惕性。而那位成功完成任务的同学却是以放弃比赛为切入点，使警卫思想松懈，并最终获得了成功。

面对问题、障碍时，有时不妨后退几步，从另一个方向入手解决问题，这就是迂回的方法。

一个在外贸公司干了十多年的中年人由于公司突然倒闭，失业了。刚开始，这个中年人信心十足，觉得凭借自己多年的从业经验和不错的英语口语，在对口单位找个"饭碗"应该是轻而易举的，运气好的话也许还能弄个"经理"当当，然而他赶了好几场招聘会，也去了许多公司应聘，都屡屡碰壁。

一天，这个中年人在报纸上看到一则招聘广告后精神大振，那是一家刚获得出口权的做冰淇淋机的私企，急招销售高手加盟，待遇丰厚。广告中特别提到，有相关经验的人可以优先。这个中年人琢磨着，如果还是像平常那样去递简历、面试很可能会被拒绝。经多方打听他得知，过段时间，这家企业正准备接待一位美国新客户，急着要找一个略通制冷专业，英语口语不错的人当翻译，于是这个中年人想方设法找上了门。

与总经理见面后，这个中年人并没有直接谈应聘的事，只说一定会把这项翻译工作帮忙做好。那几天，这个中年人在企业的网站上查阅资料，下车间细看工艺流程，恶补有关专业术语，向工程师虚心请教。经过为期一周的精心准备，他对当好翻译兼商务助理已胸有成竹了。

外商如期而至，陪客户看设备和进行商务谈判，这个中年人都熟门熟路。在车间、谈判室、酒店，他不离总经理左右，能把他的销售意图准确无误地传递给对方。流利的口语，恰如其分的"帮衬"，对出口环节的熟稔，给客户和总经理留下了深刻的印象。最后，美国客户与这家企业签订了出口合同。

谈判结束了，这个中年人梦寐以求的工作机会也降临了，他的应聘终获成功。

其实在我们的身边，还有许多类似的案例。

遇到问题应当随机应变。在一个方向遇到了阻碍，可以尝试寻找另一个方向，并没有人规定你必须往哪条路上走，到达目的地，获得

成功才是最重要的。

灵活地判断和处理，当走直线的方法行不通的时候，可以试着走走曲线。当获得成功太困难或是对方过于强势的时候，不妨退一步再前进，这样迂回地前进往往能达到比直线前进更好的效果。

# 团结促进执行

一个哲人曾说过：你手上有一个苹果，我手上也有一个苹果，交换之后，我们还是一人一个苹果。你有一种办法，我也有一种办法，交流之后就是两种办法了。

一加一等于二，这是人人都知道的算术式，可是用在人与人的团结合作上，所创造的业绩就不再是"一加一等于二"了，可能等于三、等于四、等于五……团结就是力量，这是再明显不过的道理了。

一个人是否具有团队合作的精神，将直接关系到他执行情况的好坏。你可以想想自己有没有这样的表现：遇到困难喜欢单独蛮干，从不和其他同事沟通交流；好大喜功，专做不在自己能力范围之内的事。一个人如果以这种态度对待所在的团队，那么其前途必将是暗淡的。只有把自己融入团队的人才能取得大的成功，只有融入团队里面，和团队的其他人员有良好的互动，有默契的配合，执行才会更加的顺利，最后的结果才会更加令人满意。

也许你现在才明白，在执行过程中和团队并肩作战的必要性和重要性，那就请你不要犹豫了，赶快与你的团队同命运共患难吧！

　　如果一个人在工作中只看到自己的利益，忽视团队的利益，没有团队精神，那是无法在现代企业里立足的。如果哪个人仗着自己比其他人优秀而傲慢地拒绝与同事合作，或者找各种借口推脱，没有积极的合作意识，总是自己一个人在孤军作战，那是十分可怕的事情。因为没有团队的成功，就没有个人的成功；没有团队的执行到位，就不会有个人的执行到位。团队精神对任何组织来说都是无比重要的，大到国家，小到企业，都需要每个成员具备团队精神。任何一个执行者，只有借助团队的智慧，互相配合，才有可能顺利地完成工作，确保执行到位。

　　一个人没有团队精神将很难把工作执行到位。一个企业如果没有团队精神将会成为一盘散沙。

　　在现代企业中，能否与同事友好协作，是否以团队利益为重，已经成为现代企业招募人才的重要衡量标准之一。因为只有这样的人，才更能够把工作执行到位。

　　一位记者在采访一家具有国际影响力的大公司的总经理时问道："贵公司在招聘员工时，最看重员工的什么素质？"

　　"我们有一套非常严格的招聘员工的标准，其中最重要的就是具备团队协作精神。若一名应聘者缺乏团队协作观念，即使他是天才，我们也不会录用。因为在现代企业中，我们需要不同类型、不同性格的人共同努力，团结奋进，把各自的优势发挥到极致。一家企业如果缺乏团队协作精神是难以成功的，工作也很难执行到位。"这位总经理回答。

　　作为团队中的一个成员，如果不融入到群体中，总是独来独往、

唯我独尊，必定会陷入封闭的圈子里，这样自然无法得到同事的友情、关爱和尊重，所以必须融入团体中去，这样才能促进自身发展，执行到位才能变得更切合实际。

有人曾说过："我的灵感来自团队。我给外界的错觉是因为个人能力非常强而成就了公司的今天，其实不是这样的。我对公司的价值是选择了一个行业，树立了一个品牌，培养了一个团队，后者的价值最大。"的确，团队的力量是企业领导最大的资本，富有激情的团队将推动企业的发展。

在专业化分工越来越细、竞争日益激烈的今天，靠一个人的力量无法应对千头万绪的工作。一个人可以凭着自己的能力取得一定的成就，但是如果把自己的能力与别人的经验结合起来，团结一致，就会取得令人意想不到的更大的成就。

"一个和尚挑水喝，两个和尚抬水喝，三个和尚没水喝。""一只蚂蚁来搬米，搬来搬去搬不起。两只蚂蚁来搬米，身体晃来又晃去。三只蚂蚁来搬米，轻轻抬着进洞里。"上面这两首儿歌有着截然不同的结果，"三个和尚"是一个团体，可是他们没水喝，这是因为他们互相推诿、不讲协作；"三只蚂蚁来搬米"之所以能"轻轻抬着进洞里"，正是团结协作的结果。有首歌唱得好："团结就是力量"，实际上，团队合作的力量是无穷尽的，一旦团结起来，这个团队将创造出不可思议的成就。

当今社会，随着知识经济时代的到来，各种技术不断发展。既然团队合作精神有那么大的力量，接下来我们就了解一下什么是团队合作吧。

团队合作不仅强调个人的工作成果，还强调团队的整体业绩。团队合作所依赖的不仅是集体讨论、决策以及信息共享和标准强化，而

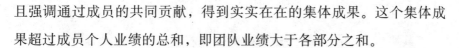

且强调通过成员的共同贡献，得到实实在在的集体成果。这个集体成果超过成员个人业绩的总和，即团队业绩大于各部分之和。

团队合作的核心是共同奉献，这种共同奉献需要成员们都能够信服目标。只有切实可行而又具有挑战性的目标，才能激发团队的工作热情和奉献精神，使其为工作注入无穷无尽的能量，所以团队合作是一种为达到既定目标所显现出来的自愿合作和协同努力的精神。它可以调动团队成员的所有资源，并且会自动地消除一些不和谐和不公正现象，同时会给予那些诚心诚意、大公无私的奉献者适当的回报。如果团队合作是出于自觉自愿的，它必将会产生一股强大而且持久的力量。因此，团队合作往往能激发出团体不可思议的潜力，集体协作干出的成果往往能超过成员个人业绩的总和。

一个团体，如果组织涣散，人心浮动，人人各行其是，甚至搞"窝里斗"，何来生机与活力？又何谈干事创业？在一个缺乏凝聚力的环境里，个人再有雄心壮志，再有聪明才智，也不可能得到充分发挥！只有懂得团结协作，才能克服重重困难，甚至创造奇迹。


下面我们再看一个例子。

狼是群体性的动物，当确定攻击目标之后，群狼就会一起进攻。头狼发出号令之前，群狼各就其位，嗥叫声起伏而且互为呼应，行动中默契配合，有序而不乱。头狼昂首一呼，则主攻者奋勇向前，佯攻者避实就虚而后动，后备者厉声嗥叫以壮其威……

独狼并不强大，但当狼以集体形式出现在攻击目标之前时，却表现出强大的攻击力。在狼捕猎成功的众多因素中，严密有序的集体组织和高效的团队协作是其中最明显和最重要的因素，由此可见团队合作精神的重要性。

其实个人与团队的关系就如小溪与大海。每个人只有将自己融入集体中，才能充分发挥个人的作用。团队精神的核心就是协同合作，协同合作的目标就是推动执行。总之，团队精神对任何一个组织来讲都是不可缺少的。一根筷子容易断，十根筷子折不断……这就是团队精神重要性的直观表现，也是团队精神重要性之所在。

## 保持冷静头脑，才能想到好方法

保持冷静头脑对创业经营者来说尤为重要，切不可因一时不顺、生意不好就沉不住气，急着改行。只有选准方向，勇敢面对，才能在充满逆流的商海中不断前行。有些经营者在选择创业项目的过程中总是缺少恒心，而且极易头脑发热，今天看到市场上某种产品走俏，就跟着生产这种产品；明天看到市场上某种商品畅销，又忙着经营起那种商品。如此"月亮走，我也走"，盲目跟风地搞经营，不仅弄得自己筋疲力尽，而且等花了好多心血、辛辛苦苦把产品搞出来时，早已是供过于求。

有这样两家企业，四五年前，都以生产皮具而远近闻名，但如今两家企业的发展结果却大相径庭。一家至今仍在生产皮具的企业发展得红红火火，不断壮大。而另一家几年来曾先后换了好几种产品，企业不仅毫无发展，而且负债累累，陷入了困境。

有一位私营店主，他下海早，胆子大，敢作敢为，对新事物尤为敏感。起初，他通过有关媒介得知鲜花将在市场走红，并会成为生活新时尚的消息，就马上开了家鲜花店。半年后他觉得花店赚钱太慢，每天摆弄鲜花太累人。后来他看到开餐馆来钱快，又忙不迭地申请执照、聘请厨师，将鲜花店改成了饭馆。没想到餐饮业的竞争远比鲜花店激烈得多，何况刚开业时没有名气，客人寥寥，惨淡经营，入不敷出。

后来，他将饭馆又换成洗衣店，做起衣服干洗、湿洗和皮衣上色保养等服务项目。客观地说，他经营的初衷不错，但由于技术力量不足，导致质量事故不断，顾客纠纷频繁，洗衣店也陷入困境，没办法，他只好准备再将生意"调头"。

培养冷静的心态需要我们在处理问题时进行多角度地认真思考和分析。换言之，就是在处理事情的时候，不要意气用事，而是要多思考、多分析。棋艺高超的人，在下每一步棋的时候，都会认真思考走每一个棋子可能引起的下一步的棋局变化。如果一个人能够想到五步棋后的变化情况，就比一个只想到三步棋后的人要厉害，而能够在比赛中战胜他，这就得益于思考和分析。他最终能够战胜对手就是由于他在五步棋前就进行过冷静地思考和分析，所以他获得了胜利。

当我们在生活中面对复杂多变的局势时，当我们需要做某件事情时，选择思考与分析是一种理智与冷静的表现。这种思考可以是顺向的，也可以是逆向的，可以是本位的，也可以是换位的。这样进行多角度思考以后，你就可以得到最佳的选择，在这样的过程中所保持的心态就是冷静的。

作为一名杂技演员，面对10米高台，如果你在走上去之前，曾经

考虑过：这个台子的下面是否有安全网，你的身上是否有安全带，10米高的地方是否有比较大的风，身上是否穿有专门的防护服，10米高台是否足够坚固等，如果你考虑了这些情况，那就说明你有一个比较冷静的心态，因为你思考过了，分析过了。这样的一个思考过程，就是冷静的一种表现。

冷静的心态来源于知识经验的积累。我们生活的世界是一个有客观规律的世界，万事万物都要遵循一些基本的自然规律，我们对这些知识、经验的积累越多越丰富，在处理问题的时候，就越能保持一种冷静的心态，不会因为迷惑而产生紧张的情绪。例如，如果你是一个杂技演员，你就会因为平时训练中平衡感掌握得非常好而不畏惧10米的高台。如果你是一个有丰富经验的消防员，你也能够因为日常工作中积累的高空行动经验而不畏惧10米的高台。所以经验和知识的积累对培养冷静的心态有一定的作用。

另外，自信心也是非常关键的，有充足的自信心，你才能够运筹帷幄，不受外界的影响。

## 培养专注能力，在高效执行中落实任务

现实中，很多人都有过同样的迷惑，为什么那些能力远不如自己的人，最终取得的成就远远大于自己呢？如果对于这个问题你百思不得其解，那么就认真回答下面的问题，也许能从中找出真正的答案。

第一，自己的前进方向是否正确？

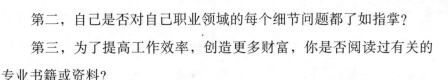

第二，自己是否对自己职业领域的每个细节问题都了如指掌？

第三，为了提高工作效率，创造更多财富，你是否阅读过有关的专业书籍或资料？

第四，你是否理解并认真做到全心全意、尽职尽责？

如果你对上述这几个问题的回答是否定的，说明制约你走向成功的症结就在于此。无论做什么工作，你只有遵循这几点，坚持到底，才会获胜！当然，选择的方向如果不正确，就应立即停止，放弃努力，免得白费力气。

业精于勤，无论从事什么行业，都应谨记这个道理。精通所在行业业务的方方面面，你会比别人更出色。了解工作中的每一个细节内容，并努力将它做得更好，你将在赢得良好声誉的同时，也为将来大展宏图播下希望的种子。

曾经有人向一位颇为成功的经营者请教这样的问题："你是如何完成如此多的工作的？"他的回答是："我在特定的时间内只会集中精力做一件事，但我会尽最大努力去做好它。"

如果你对自己的工作不够了解，业务还不够熟练，就不应该在失败之后去责怪别人，埋怨社会。当前，你唯一该做的事就是精通业务，这一点并不很难，但需要长时间的不断积累。所谓"冰冻三尺，非一日之寒"，社会上有好多人随便读几本法律方面的书，就自负地认为自己完全可以解决几桩疑难案件；或者听了几堂医学课，便急着给病人做手术，这些都是不负责任的举动啊！

好多人之所以在工作中投机取巧，懒懒散散，原因就是在学生时代养成了半途而废、心不在焉、得过且过的坏习惯，总是寻找机会欺骗老师，蒙混过关。不守时也是这些人的一贯作风，而且他们也正因此而遇到更多的麻烦：去银行办事时经常迟到，人家会拒付他的票

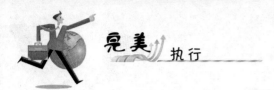

据；与人约会总是迟到，会让人失去对他的信任。如果一个人轻视身边的小事，那么他的整个人生必会因碌碌无为而失败。还有一些人做起事来没有头绪，他们的文件总是乱堆乱扔，从不进行分类管理，以至于自己的思维都受到干扰，无法正常工作。

有上述这些特点的人，注定要走向失败，家人和同事也只能对他们表示失望。最不幸的是，这类人如果通过某种不正当的手段爬上领导的位置，造成的结果就会更加严重。上梁不正下梁歪，其下属必定会受到恶习的影响。坏习惯的传播速度要比好习惯快得多。这样一来，公司从上到下一片混乱，又怎么能期待这样的集体创造出优良的产品和一流的业绩呢？

对待工作总是不能尽职尽责的人，他们也一定缺乏做成事情的恒心和毅力。他们不会培养自己的能力，永远无法实现自己的追求。他们总是设想工作和享乐可以同时获得，殊不知"鱼和熊掌不可兼得"，结果希望很有可能全部落空，到时才后悔当初的所作所为。

事实上，培养严谨的做事风格，获得处世智慧并不十分困难，只要你能做事认真负责、一丝不苟即可。如果你的能力一般，它可以让你走得更好；如果你十分优秀，它会将你带向更大的成功。

最后仍要强调，工作必须竭尽全力，这样才有可能取得进步。一个人只要在工作中找到乐趣，就能忘记所有辛劳，并保持身心的愉悦，长此以往，也就找到了开启成功之门的钥匙。只要你保持忠于职守、善始善终的工作态度，即使从事的是低微的工作，也能释放出无限的光芒。

## 学会统筹规划，让工作系统化和程序化

平时在我们身边，经常会听见有些人发出这样的感叹：工作很忙也很乱，一点儿头绪都没有，特别是在接受一个新的工作岗位或者进行一个新项目的时候，这种表现就更加明显。很多人就是因为"一团糟"的工作状态，最终没能将工作做到位，出现失败的结果。

工作对于某些人来说，很可能起初就是一团乱麻，可是这其中有的人成功了，而有的人失败了。虽然说成功有成功的理由，失败也有失败的原因，但经过仔细分析之后，我们不难发现，在这些成功者身上有一个共同的特点：善于厘清工作的步骤，让自己的工作有头绪。

或许很多人对有头绪地进行工作没有什么切身感受，也就不能体会到这种工作方法的魅力所在，央视著名主持人王小丫对此却深有体会。

王小丫自从进入中央电视台当了节目主持人之后，似乎就没有闲着的时候，她的工作日程总是排得满满的，特别是遇到一些临时性主持任务时，王小丫更是忙得不可开交。

仅凭她主持过的节目，大家就可以看出这一点，如《商务电视》《金土地》《经济半小时》《开心辞典》等栏目，除此之外，她还客串主持过《对话》等栏目，这一连串的主持任务放在谁身上都可能出现忙乱的情况。但是王小丫忙归忙，却从来不乱，在银屏上出现的时

候，她给人的感觉总是那么稳重、自然、有气质，特别是她的神态，更是给人稳定自若的感觉。

那么王小丫是如何做到这一点的呢？其实很简单，就是把工作的头绪理清楚，一步一步来。她是一个烹饪爱好者，在说起自己的工作步骤时，她用烹调做过一个比喻：工作就好比做菜一样，你放材料、调料的时候，必须要有条理、顺序。第一步该放油，第二步该放蒜、辣椒，然后就是菜、盐、味精……要想把菜做得好吃，这些步骤不能弄乱了，否则你做出来的菜不仅没有好看的颜色，也不可能会有好吃的味道。工作也是如此，第一步该做什么，第二步该做什么，你同样不能弄乱了，否则你的结果可能就是陷入忙乱。

记得有一次，王小丫在主持《开心辞典》的时候，突然接到了一个外景任务，正当她匆匆赶往外景场地的时候，却接到家人的电话，需要她马上赶回家……既要录制节目，又有采访任务，还要急着赶回家，换成一般的人，可能早就乱作一团了，但是王小丫稍微思考了一下，便作出了安排：首先做好外景的采访任务，因为外景不比在直播室录制节目，时间不等人，事件也不等人，就在她赶往外景地采访的时候，她请自己的好友帮忙订好飞机票，外景采访一结束，她就立即赶往机场，回家处理私事。

就这样，一团乱的工作状态得到很好的调整，王小丫不仅没有耽误直播，也没有耽误采访，当然也没有耽误赶回家处理事情。正是凭借着这种干练的精神和善于统筹的工作方法，王小丫成长为央视当家女主持人之一，并且还获得了一系列的奖项：

1998年获得"华鹤杯"全国电视经济节目主持人十佳奖、最佳评论奖和1998年全国广播电视系统抗洪先进个人；

2000年获"2000中国电视榜"最佳财经节目主持人奖；

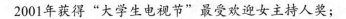

2001年获得"大学生电视节"最受欢迎女主持人奖；

2001年获第四届金话筒提名奖、最受欢迎电视节目主持人奖；

2002年年初获得"首届央视十佳主持人"评选第一名和"全国电视榜"最佳财经节目主持人奖；

2003年获得第五届金话筒奖；

2003年和2004年连续两年被中央电视台评为"十佳主持人"；

2004年被中央电视台评为十大巾帼标兵，并被全国妇联和《妇女》杂志评为2004年全国十大经济女性；

2006年获得中国电视节目主持人25年25人"最具亲和睿智主持"奖，在"2006中国十大魅力女人"评选中被评为"睿智之魅"；

2007年获中央电视台十佳节目主持人奖，在2007中国时装周获得"时尚成功人士奖"。

当然，王小丫不仅做好了自己的本职工作，同时也热心于社会公益事业，担任了中国青年志愿者形象大使、全国青联委员以及中央直属机关青联常委、视协副会长，还担任了全国爱护母亲河形象大使以及全国推广普通话终身形象大使，同时还是中国红十字会捐献造血干细胞的宣传员。

职衔的多样决定了她工作的繁杂，但是在繁杂的工作面前，王小丫依然做得很好，工作做得很到位、很彻底，这和她善于厘清自己的工作头绪是分不开的。

由此我们可以得出一个结论：要想在职场中提高自己的职场竞争力，除了要提高自己的能力之外，还有一点非常重要，那就是让自己的工作条理化，不要因为忙而变得乱，因为乱而变得更忙，最终以失败告终。

那么在工作之中该如何才能厘清自己的头绪呢？

首先，学会管理自己的工作。所谓管理自己的工作，实际上是指对自己的工作进行合理的时间分配，这种时间上的分配在很大程度上保证了自己的工作效率，也保证了工作和时间完全合拍。在规定的时间里做规定的事情，而不是因为时间充足就浪费时间，一旦时间不充足就胡乱完成自己的工作，这样做自然不能将工作做到位。当然，要做到这一点就必须对每一项工作需要多长时间了如指掌，这一点可以在平常的工作中积累经验。

其次，做好自己的工作计划，尽量做到统筹规划。有计划地工作和没有计划地工作是完全不同的。为什么在工作中有很多员工在做某一件事情的时候时间非常充足，而做另一件事情的时候时间却往往不够用呢？原因很简单，他们没有将时间进行统筹规划，没有在时间充裕的时候穿插不同的工作，也没有做好前期准备，以至于工作项目一多便陷于忙乱。

最后，做好经验总结，提高自己处理突发事件的能力。最容易让工作变得毫无头绪的莫过于一些突发事件了，如何处理这些突发事件将直接关系到我们能否彻底地完成工作。比如在工作过程当中，老板突然给你一个紧急任务要你去完成，这时候你该怎么办？立即放下手头工作去处理，还是分析思考之后再去处理？在处理这些紧急事件的时候，是不是还能继续完成自己原先的工作呢？这些问题都得好好考虑，在平常的时候要多多积累经验，以备不时之需。

# 第八章

# 缩减成本，精细执行

　　成本是企业发展的基础。现如今节约成本不仅体现在资金运用、软硬件开发上，还体现在人们节约成本的意识上。在实际工作中，运用科学的手段充分利用有限资源，减少资源内耗是缩减执行成本的最终目标。

# 互惠互利，共同发展

我们的工作让我们体会到人生的意义，也让我们实现着自己心中的梦。工作对于我们，已经不仅只是谋生的手段了，它更成为我们人生的重要组成部分。工作让人生充满了意义，让我们的生活有了目标，也让我们的生活更加充实，使得我们为了这个目标可以不断进步。

一份好的工作，对于任何一个人来说，都是一笔不小的财富，而企业正是为我们提供这笔财富的机构。

人们常常用唇齿相依来比喻两者相互依赖的关系，企业和员工就是这样的一个利益共同体。每一个员工除了是企业利益的创造者之外，也是企业利益的受益者。每一个员工都应该深刻并且清醒地认识到，企业的利益是自己利益的源泉。只有企业的利益大，自己的利益才有保障。企业一旦没有了利益，就有可能倒闭，这样员工能否保住"饭碗"也成了问题。

每一个员工都有义不容辞的责任，那就是在任何时刻都要主动维护公司的利益，积极为公司创造更多的财富，同时主动为公司寻找开源节流的方法，不做任何有损公司利益的事情。这是每个员工的责任，更是每个员工的义务。

企业常常被比作船，老板只是掌舵人，而员工则是负责前进的动力。一旦船沉了，受到损失的除了企业，还有船上的人——企业员工。倘若船航行得很好，船员自然都是安全的，所以员工和企业是一个利益共同体，应该荣辱与共、同甘共苦。既然如此，聪明一点的员工就会好好去维护公司的利益，因为他们明白，如果企业倒闭了，那么自己也就失去了工作，更不要谈什么个人的收入问题了。"锅里有了，碗里才会有"，"大河有水小河满，大河无水小河干"，这些俗语所说明的道理显而易见，试想如果大河都干涸了，小河又怎么会有水呢？

一位名人曾经说过："帮助别人往上爬的人，他自己会爬得更快。"任何一个人的行动都有可能对整个群体产生不可估量的影响，一个人的力量是有限的，但一群人的力量却是巨大的。将自己融入整个团队中，可以获得智慧和力量，更好地发挥自己的特长。一个艰巨任务的出色完成，一定是整个团队的通力配合来实现的，因此有一个目标明确、团结和谐的团队就显得十分重要。这样的团队，一方面可以圆满地完成工作任务，另一方面又可以让每个人更好地发挥自己的力量，获得意想不到的结果。

一家文具销售公司准备招聘高层管理人员，经过一轮轮的筛选，最后剩下了12名优秀的应聘者闯进最后的面试。公司老板在详细看过这12个人的资料和简历之后感到非常满意，但由于这次招聘最终只能聘请其中的三个人，于是老板给他们出了最后一轮面试的题目。老板先把他们随机分成了A、B、C、D四个组，每组三个人。他要求A组成员调查当地的小学生文具市场，B组成员调查中学生文具市场，C组成员调查大学生文具市场，而D组成员调查职高生的文具市场。老板让这四个组的成员全力以赴地展开调查，并务必使报告做得完善。最后，老板还说，为了让这次的调查不至于盲目展开，他让秘书准备了

一些相关资料，让各位成员自己去取。

三天后，四个组的成员都如约提交了自己的调查报告。老板看过后，直接把C组的三个成员都留了下来，并告诉他们，他们已经被录取了。其他三个组的成员觉得很疑惑，自己的报告做得也还算不错，为什么单单留下C组的三个人呢？于是其中一个被淘汰的应聘人员就向老板询问原因。老板笑着说："请大家打开秘书给你们的资料，仔细地看一看吧。"

原来，老板发给每个人的资料是不一样的，每组的三个人得到的资料分别是文具市场过去、现在和未来的分析。老板说："我之所以出这样一个题目，目的主要是让大家明白团队合作的重要性。"

C组的三个成员在领到资料之后，互相借用和学习资料，补全了自己报告上的不足之处，而其他几个组的成员都是独来独往，各自完成了自己的报告，没有一点团队合作的精神。老板补充道："一个企业，除了需要能力强的员工，更需要具有团队合作精神的员工，因为团队合作才是企业立于不败之地的保证。"

一个具有团队意识的员工，必然拥有较高的眼界，愿意与人合作，具有良好的与人沟通的能力。反之，那些恃才傲物、个性强硬，固执且不肯与人合作的员工将很难发挥应该有的作用。

老陈刚去一家国有机械制造厂的时候，还是一个普通工人，但凭借着自己的天分和努力，他很快地成为班长，手下带领着十多个员工。从普通工人到车工班班长，老陈除了跟随他的师父学到精湛的技艺之外，也学到了很多做人的道理。现在，身为班长的老陈，每当新人向他请教问题的时候，他都亲自传授自己的经验给对方，他总是把

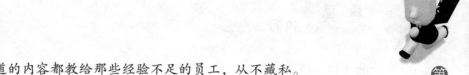

自己知道的内容都教给那些经验不足的员工，从不藏私。

问到为什么这么做的时候，老陈显得格外严肃。他说："从前，当我还是一个小学徒的时候，是我的师父把他所拥有的所有经验和技能都传授给了我。他常常教导我，无论身在哪个企业，只有企业得到了发展，员工们的利益才能有所保障。我一直秉持这样一个观点来对待我的工作和同事们。现在，我有能力帮助到大家，何乐而不为呢？更为关键的是，我深知'锅里有了，碗里才有'的道理，如果大家都把自己的技艺藏起来，那么企业如何得到发展？企业发展不了，没有获得更多的利益，那么员工的利益也就没有多少。只有大家共同努力为企业的利益去奋斗，我们自己的利益才会有所增长。"

没错，无论在哪个企业，只有企业的利润上去了，员工的利益才能上去，因为企业的利益是员工利益的源泉，要想获得更多的个人利益，就应努力完成工作任务，增加企业的整体利益，实现企业与员工个人的共同发展。

## 培养自己的细节意识

现在是一个细节制胜的时代，企业要想拥有卓越成就，对于细节必须精益求精。微软公司之所以会投入几十亿美元来开发升级每一个新版本，就是要确保每一个细节都不出现纰漏，不给竞争者以可乘之机。对于细节的注意使得微软的产品近乎完美，从而确定了其在竞争

中的优势地位。

著名的管理大师韦尔奇在通用电气公司20年的管理实践中身体力行的、为人们津津乐道的一些管理细节至今令人敬佩。这些细节包括手写便条并亲自封好后交给基层经理人甚至普通员工，能叫出1000多位通用电气管理人员的名字，亲自接见申请通用电气500个高级职位的人等。在世界级的大公司中，很少有公司的老板能做到这一点。企业的经营，只有重视细节，并从细节入手，才能取得好的成效。

企业经营的核心在于"顾客满意度"，细致入微的服务可以打动顾客的心。在市场竞争中，人们越来越注意服务方面的竞争，谁注重服务的精细化，谁就会在市场竞争中更胜一筹。

日本狮王牙刷公司的员工加藤信三就是一个活生生的例子。

有一次，加藤为了赶去上班，刷牙时急急忙忙，没想到牙龈出血。他为此大为恼火，上班的路上仍非常气愤。

回到公司，加藤为了把心思集中到工作上，暂时把心头的怒气给平息下去了。他和几个要好的伙伴提及此事，并相约一同设法解决刷牙时容易伤及牙龈的问题。

他们想了不少解决刷牙造成的牙龈出血的办法，如把牙刷毛改为柔软的狸毛；刷牙前先用热水把牙刷泡软；多用些牙膏；放慢刷牙速度等，但效果均不太理想。后来他们进一步仔细检查了牙刷毛，在放大镜底下，他们发现刷毛顶端并不是尖的，而是四方形的。加藤想："把它们改成圆形的不就行了！"于是他们着手改进牙刷。

实验取得成效后，加藤正式向公司提出了改变牙刷毛形状的建议，公司领导看后也觉得这是一个特别好的建议，决定把全部牙刷毛的顶端改成圆形，改进后的狮王牌牙刷在广告媒介的宣传作用下，销路极好，销量直线上升。加藤十几年后也成为公司的董事长。

对于企业来说，注重细节是至关重要的。同样，对于一个员工来说也是如此，注重细节其实体现出了一种工作态度。看不到细节，或者不把细节当回事的人，必然对工作缺乏认真的态度，对事情只是敷衍了事。

这种人无法把工作当作一种乐趣，而只是当作一种不得不完成的苦役，因而在工作中缺乏热情。他们只是永远等待别人分配给自己工作任务，甚至即便这样也不能把事情做好。这样的员工永远不会在企业中找到自己的立足之地。考虑到细节、注重细节的人，不仅会认真对待工作，完善细节，而且注重在做事的过程中找到机会，从而使自己走上成功之路。优秀员工与平庸者之间最大的区别在于，前者注重细节，而后者则忽视细节。

如果一走进办公室，抬眼便看到办公桌上堆满了信件、报告、备忘录之类的东西，就很容易使人感到混乱。更糟的是，这种情形也会让自己觉得有堆积如山的工作要做，可又毫无头绪，根本没时间做完。面对大量繁杂的工作，你还未工作就会感到疲惫不堪，凌乱的办公桌会在无形中加重工作的难度，冲淡自己的工作热情。

美国某铁路公司的董事长说："一个书桌上堆满了文件的人，若能把他的桌子清理一下，只留下手边待处理的一些文件，就会发现自己的工作变得更容易一些了，这是提高工作效率和办公室工作质量的第一步。"因此，要想高效率地完成工作任务，首先就要保持办公环境的整洁、有序。

把握细节并予以关注是一种素质，更是一种能力，对细节给予必要的重视是一个人具有敬业精神和责任感的表现。若能从细节中发现

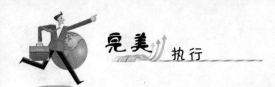
新的思路，开辟新的领域，则更能体现出一个人的创新意识和创新能力。不管是前者还是后者，都是老板十分看重的。

要记住，上班时间不要随便接听私人电话，手机的声音会让身边的同事或上司反感，而别人反感的情绪又会直接影响到大家的工作情绪，最终导致个人乃至整个团队工作效率降低。如果随便接听私人电话，就会分散注意力，很有可能导致你对任务的认识产生偏差，进而使任务不能按期完成。离开办公室前，不要忘了关灯、关窗，检查一下有无遗漏的东西。

下班后要静下心来，将一天的工作简单做个总结，制订出第二天的工作计划，并准备好相关的工作资料，这样有利于第二天高效率地开展工作，使工作按期或提前完成。

注重细节是工作态度认真的体现。不管大事还是小事，忽略了细节都会给工作带来不同程度的影响或损失，因此，企业员工的一项基本素质就是态度要认真，严谨的工作态度是做好细节的前提条件。

美国成功学大师戴尔·卡耐基曾说："一个不注意小事情的人，永远不会成就大事业。"麦当劳的创始人克罗克说："我强调细节的重要性，如果你想经营得出色，就必须使每一项基本的细小的工作都尽善尽美。"

人与人之间的差别，往往就体现在一些细小的事情上，并且正是因为这些细小的事情，决定了不同的人具有不同的命运。

两个同龄的年轻人同时受雇于一家店铺，并且拿同样的薪水。可是一段时间后，名叫阿诺德的小伙子青云直上，而那个叫布鲁诺的小伙子却仍在原地踏步，布鲁诺很不满意老板的不公正待遇。终于有一天，他到老板那儿去发牢骚了。老板一边耐心地听着他的抱怨，一边

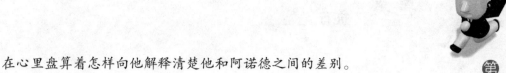

在心里盘算着怎样向他解释清楚他和阿诺德之间的差别。

"布鲁诺先生，"老板开口说话了，"您现在到集市上去一下，看看今天早上有卖什么的。"

布鲁诺从集市上回来后向老板汇报说："今早的集市上只有一个农夫拉了一车土豆在卖。"

"一车土豆有多少？"老板问。

布鲁诺飞快地戴上帽子又跑到集市上，然后回来告诉老板一共有40袋土豆。"价格是多少？"布鲁诺第三次跑到集市上问来了价格。"好吧，"老板对他说，"现在请您坐到这把椅子上一句话也不要说，看看别人是怎么做的。"

老板把阿诺德找来，让他看看今天集市上有什么可买的。阿诺德很快就从集市上回来了，向老板汇报说到现在为止只有一个农夫在卖土豆，一共40袋以及土豆的价格。他又补充说土豆质量很不错，他还带回来一个让老板看看，而且这个农夫一个钟头以后还会再弄来几箱西红柿，据他看价格非常公道。昨天他们店铺的西红柿卖得很快，库存已经不多了。他想这么便宜的西红柿，老板肯定会采购一些的，所以他把那个农夫也带来了，他现在正在外面等着呢。

此时老板转向了布鲁诺说："现在您肯定知道为什么阿诺德的薪水比您高了吧？"

同样的小事情，有心人能做出大学问，不动脑子的人只会来回跑腿。别人对待你的态度，就是你做事结果的反映。成功者与失败者之间究竟有多大的差别？人与人之间在智力和体力上的差异并没有想象中的那么大。很多事情，一个人能做，其他人也能做，只是做出来的效果不一样，而这往往是由细节决定的。

## 化知识为能力，提高执行力

我们常说：知识就是力量，其实知识本身并不具有力量，只有当知识转化为明确的目标和具体的行动时，知识才会为我们的工作和生活贡献力量，即把知识转化为贴近实际生活的能力。让我们看看下面这则寓言，或许它可以给我们启示。

有一个叫朱泙漫的人很喜欢练剑，非常希望自己能够练就一身独步天下的绝技。一天，他听说有一个叫支离益的高人，有一套独特的本领——屠龙剑术。于是，朱泙漫赶紧过去拜师，苦学了三年，耗尽了万贯家财，终于有所成就。于是，他开始仗剑行走江湖，希望能屠尽天下的恶龙，以此显耀名声。他走遍了千山万水，耗费了数年的光阴，却始终不见一条龙的影子。于是，他仰天长叹，又说："空有一身绝技，而没有任何用武之地啊。"

朱泙漫花尽家财学屠龙术，先不说其技术多么精妙，但就其"毕业"之日就是失业之时这一点来说，屠龙术一点儿也不实用。其实，学屠龙术远不如学杀猪来得现实，杀猪不仅成本低，而且学好后立刻就能养家糊口。市场经济的法则是有需求才有市场，有市场才有收益，有收益才没有白忙活。

让我们看看另一个故事——庖丁解牛。

庖丁虽然是一个屠夫，但经过几十年的实践，手法达到了出神入化的境界。其刀法精湛、得心应手，表现在以下三点：第一点就是绩效高。能顺着牛的骨骼经络切割牛肉，最后自然而完整地剥离了牛肉，还不会浪费。其刀法麻利快速，切割一头牛的时间非常短。第二点就是成本低。其他屠夫可能没有多长时间就要换一把刀，而庖丁的刀用了十几年，还和新的一样。第三点就是给人以听觉和视觉的享受。其动作像是桑林之舞，其声音似乎带着音律，给人以艺术的美感。

所以我们说，朱泙漫远不如庖丁聪明。朱泙漫的屠龙术虽然比庖丁的切牛肉技术高深，但再高深的武艺，如果没有用处，也只不过是摆设而已。再不入流的技术，如果达到了炉火纯青的地步，再加上有广泛的实际需求，也会取得不俗的成就。


有位企业培训师曾说过：他开课期间，很多企业高级经理人在培训期间都认为，管理课讲得非常精彩。参加培训的学员的态度一般开始都挺好，上课听讲的时候很激动，也很有动力、有想法，而当这位培训师跟踪效果的时候，却发现很少有学员付诸行动。

很多参加管理培训的学员可能费了不少精力，但由于习惯或自身部门的利益，并没有把先进的管理知识用在管理实践中。一些有关管理培训的内容往往是世界上前沿的理论和实践的总结，有的是直接从国外搬进来的，有的是根据我国企业的现状进行调整和完善后的培训知识，企业管理者如果不能将其用到实践上，怎能与国外的企业去竞争呢？所以，我们要真正"拿来"，要学以致用，将先进的知识变成支撑企业发展的支柱，这样才能为企业带来持久的活力和竞争力。


这里就有这样一个善于学以致用的超级员工——施瓦伯，他是美国

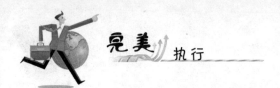

一家钢铁公司的创始人，一位在事业上卓有成就的成功人士。在没有成功前，他是一个出生在美国乡村，只接受过短期教育的人。

15岁的时候，施瓦伯就因为家中贫困而去一个山村做了一个马夫，尽管这样，他丝毫没有灰心，无时无刻不在寻找自己发展的机会。18岁那年，施瓦伯来到钢铁大王卡内基的一个建筑工地上打工。当工地上的很多工人都在抱怨工作辛苦且薪水很低的时候，施瓦伯却一丝不苟地工作着，并且为了以后的发展，独自学习了很多建筑知识。晚上工友们闲聊时，施瓦伯却躲在角落里看书。

有一次，恰巧一个经理去检查工作，发现了独自看书的施瓦伯。经理看了看施瓦伯手里的书，又翻了一下他的笔记本，然后一句话也没有说就走了。第二天一大早，施瓦伯被经理叫到办公室，经理问他："你学这些东西做什么？"施瓦伯说："我认为，公司并不缺少打工的人，而是缺少既有工作经验又有专业知识的技术人才或管理者，对不对？"经理赞许似的点了点头。

不久，施瓦伯被提升为技师。面对其他工友的讽刺挖苦，施瓦伯平静地说："我不是在给老板干，也不是单纯为了挣钱，是为了实现自己的梦想。我要使自己的工作产生的价值远远高于自己所得的工资，在认真而严格的工作中不断提升自己，这样才能不断进步，为自己赢得发展的机遇。"

怀着长远发展的信念，施瓦伯孜孜不倦地学习工作中需要的知识，并把它们成功地运用到工作中去。勤劳和努力使他一步步高升到总工程师的岗位上，到他25岁时，就做了这家建筑公司的总经理，后来还建立了属于自己的大型钢铁公司，并创下了非凡业绩，成就了自己的事业。

　　如果我们在做事的过程中都能像施瓦伯那样，有自我规划和管理的习惯，那么成功离我们也就不再遥远。这种能力和习惯将会决定一个人事业的发展。但是，很多人和企业在学习知识方面都有跟风赶时髦的倾向，而且好高骛远，认为只要是先进的管理方法和理论，不管对自己的企业有没有帮助，都要学习。

　　试想一下，即使我们给自己镀了层"金"，我们就能解决工作中的难题吗？就能在工作中游刃有余吗？其实大多数人还是不敢给予充分肯定的回答。如果空有满腹经纶而不懂得运用，那就等于找不到打仗的目标，岂不悲哀？人要想成就一番伟业，不能空有知识，重要的在于怎样运用这些知识，并将其转化为能力。与其做能纸上谈兵的"赵括"，倒不如做有着实际作战经验的"廉颇"，不仅要能知，更要能行。

　　化知识为能力，有效提高执行力，是企业发展壮大的有效途径。要提高效率就千万不要忽视知识的产能和力量。

## 选用最佳人才，充分利用资源

　　在企业运营过程中，人是最主要的因素，无论战略、计划，还是文化都是通过组织成员来实现的。合适的人才是提高企业执行力最核心、最关键的因素，人才是执行力存在的基础，执行力的强弱取决于组织中是否有合适的人才。

　　现代企业管理最根本的人才理念是以人为本，其具体内涵包括：

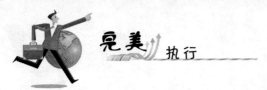

第一，培养员工个人才能十分重要，而培养人才团队更为重要，这样能保证企业人才队伍稳定，发挥人力资源团队规模效应。

第二，企业在人才利用上不仅要注重数量，而且要注重集众人之所长，集思广益。

第三，人才的概念不仅包括其个人的能力与素养，还应充分考虑与其连带的社会关系网。

第四，企业人才运用，不仅是指企业内部人才的使用，对于外部人才的运用也应充分考虑，把握好度。

将人才引进公司，留在合适的岗位上并不是企业的目的，让人才充分发挥其作用才是企业的最终目标。

人都有自尊心，人才当然也不例外，你只有尊重他，他才能心甘情愿地为你服务。

用人不疑，疑人不用，是人才使用的一条重要原则。一旦"知人"，就应当善任、信任他们。信任是人际关系中具有无限活力的因素，不要一叶障目，要对人才明确授权，大胆使用，这样人才的主观能动性才能充分发挥出来。

人才可能会不拘小节，会比较有个性，人才与人才之间也常常会有矛盾，人才和领导之间也常常会发生碰撞，所以领导者要想扬人才之长，弃人才之短，就要有容才的海量。只有宽大的胸怀，才能像磁石一样，把各类锋芒毕露的人才紧紧地吸引在自己周围，为总体目标的实现提供保证。容才首先要容得下比自己才能高的人；其次要有涵养，能容忍人才的某些错误，万不可因小失大；最后，对那些曾经反对过自己或同自己意见不一致的人才也要团结重用。

最好的员工就是那些具有卓越执行力的员工，他们的存在会使组织的工作变得轻松而愉快，不论是与同事还是与顾客都相处得十分融洽。那些慵懒而消极的员工，在工作中没有自己的见解和想法，只是被动地应付一切，这些人只会使管理者无可奈何地费尽心血，工作还是毫无成效可言。这是人力资源经理所面临的最大的挑战。如果在这些方面决定正确的话，其他部门的管理人员所面临的问题将会大大减少，这样就能将足够的精力投入生产环节，从而促进企业的整体发展。因此，企业一定要找到和留住最佳和最适合企业的员工。

如何选择有执行力的员工呢？企业应该招聘那些企业目标的忠实践行者，具体来说包括以下几个方面。

1. 设定执行力人才的必备条件

第一，有良好的专业技能，那些有执行力的员工应具有良好的专业知识、技能以及良好的业务素质。

第二，精力充沛，对工作充满激情，能感染和带动周围的员工，关心和尊重同事，能够营造出一种和谐进步的工作气氛。

第三，面对突如其来的变化，能够及时做出正确的决定，而且镇定自若、临危不惧。能够弘扬正气，敢于批评不称职的员工，即使在紧要和危急关头，也能表现出十足的自信心和果断的作风。

第四，能够带动员工共同协作，能够指导大家一起来完成工作，实现目标。

第五，能够对执行计划和完成目标进行监督。

2. 肯花时间和精力培养人才

公司必须重视人才的选拔，寻找合适的人才是执行型领导必须承担的责任。有的企业管理专家认为，执行型领导应该花费其40%的时间和精力进行人才配备、人才培养和选拔工作，因为人才对企业实在是太重要了。如果在这方面所用时间与战略决策、战略规划所用的时间大体相当的话，会大大提高公司的执行力。

**3. 进行多方面的考察**

对于企业人力资源工作者的聘用，企业应考察应聘者是否善于表达，敏于应变，是否长于沟通协调，是否具有良好的社会关系。除了这些之外，企业管理者要仔细观察每个员工的工作习惯，从日常一些细小的事情中就可以看出谁才是真正做实事的人。这些人往往能带动其他员工，鼓舞士气，遇到问题临阵不慌，并知道如何取得各方助力来完成工作。重视后续工作更是他们的特点，他们的个人执行力和发挥出来的带动执行力都是非常惊人的。

## 减少执行内耗，避免资源浪费

一般来说，企业内耗主要表现在以下几个方面：

**1. 人人相轻**

在一些企业里面，主要表现为研究生轻视本科生，本科生轻视大专生，大专生轻视中专生，名校生轻视非名校生，干部轻视职员，职员轻视工人。更可笑的是，还有学理科的轻视学文科的，学文科的轻视学理科的，市场部的轻视技术部的，技术部的轻视市场部的，这不是随口乱说，因为我们常听到这样的话："他们技术部的水平不行，解决不了什么质量问题"，"他们市场部的人员素质太低了，连基本的产品知识都不了解"等。实际上，大家都是一个公司的，别人不行时要伸手帮忙，站在那里说风凉话能解决什么问题呢？

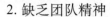

**2. 缺乏团队精神**

由于人人相轻，自然就不会相互合作，缺乏团队精神。

某公司在推行绩效考核，有些部门经理心里不愿意，因为他们一算，自己的奖金要变少，还要被公司考核，于是在背后说坏话的也有，开会时大吵大闹的也有，不闻不问的也有，种种姿态，不一而足。有人说："不至于那么严重吧，不就是搞绩效考核吗？一个制度而已。"其实制度本身并不复杂，但是损害了某些人的个人利益，于是这个事情就变得复杂了。这些经理不会说自己的奖金变少了，而会说本部门的奖金变少了，本部门的风险变大了，或者挑起部门员工对制度的敌意，对上级领导施加压力。

缺乏团队精神，企业内耗就多了。在一些公司，有40%的工作时间是去解决内耗问题的，因为部门间的摩擦太多，个人间的摩擦太多。私心太重，就不会顾全大局；不顾全大局，就学不会妥协；不会妥协，就天天吵架，你争我斗——企业就在这样的内耗中失去了竞争力。

**3. 疑心大，不诚信**

在工作中，我们免不了和他人沟通，但是在某些公司里人与人之间特别不坦诚，大家总是相互猜疑，于是经常听到："我知道他是这样看我……""他肯定在老板面前说了我的坏话……""这个事情我不好说，不想惹麻烦……"人前不说真话，人后乱说坏话。于是，企业的市场问题、生产问题变成了人际关系问题，简单的问题被搞复杂了，根本不可能形成团结战斗力。

**4. 蔑视制度**

有的公司各种制度不少，但是基本上没人遵守。这里面有两个问题：一是制度本身有缺陷，二是员工根本就没有遵守制度的概念。

5. 敏感度太高

企业内耗多，有一个原因是说实话的成本太高，大家喜欢猜来猜去，相互不信任。比如员工对经理说："你处理这件事情的方法有问题。"而经理可能联想到员工不喜欢他这个人，有意针对他。然后他会思考员工为什么不喜欢他，是不是因为上次请客没有叫这位员工，最后一定要找一个理由，于是误解就造成了。

6. 推卸责任

有的公司经理总抱怨老板不授权，权力太小，无法管理员工。可真正遇到麻烦时，他们会把问题往老板那里一交："你看怎么办？"这些经理不去想，你的薪水比员工多，权力比员工大，问题就应该到你那里为止，不然老板要你做经理干什么？可他们总是把权力与责任分开，权力就是拿的钱多，管的人多，没想过其实权力和责任是对等的，你有多少权力，就要负起多少责任。

7. 缺乏包容性

有句话说一个人的成就有多大，取决于他的胸怀有多大。有一个人讲述了他遭遇的事情：

我们公司有个部门经理，在公司创立初期作了很大贡献，公司也一直想培养他，但他的心眼特小，私心特重，毫无包容精神，这是个很要命的缺点。他几乎永远站在自己的立场上去理解任何事情，比如，他认定他的上级（总监）能力不如他，但年终奖比他高，这令他无法容忍，所以他常跑到老板那里去说上级的坏话。我跟他说，别人能做你的上级，肯定有他的长处，即使别人有问题，你也应与他达成谅解和共识，原因很简单：你们为同一个目标工作，而且他是你的上级。可是直到今天，他还在固执地寻找一切机会攻击他的上级。

与自己不喜欢或不喜欢自己的人相处，是对胸怀的极大考验，做大事的人的胸怀都是被反对者撑大的，缺乏包容心，很难成就大事。

8. 缺乏文化性

有的企业做不长、做不强，真正的原因是缺乏企业家精神和企业文化，这种文化传统和底蕴是经过长时间沉淀下来的，它对企业的发展具有深远的影响。

企业内耗产生的原因和具体的表现有很多，这对于执行任务是非常不利的，因此，我们要找出原因，寻找解决方案，减少执行内耗，更好地利用各种资源，为企业的发展添砖加瓦。

## 把握执行细节，做到精细管理

所谓精细化管理，就是以精细操作和管理为基本特征，通过提高员工的素质，控制企业的成本浪费，强化协作管理，从而提高企业整体效益的管理方法。也就是说，精细化管理就是由过去的粗放型管理向集约型管理的转变，由传统经验管理向科学化管理的转变，精细化管理是企业管理理念的转变。

精细化管理具有全员性、全面性和全过程性的特点，是一种全面系统的管理模式。全员性要求每一位员工的工作都要精细化、精益求精；全面性涉及公司经营管理、人力资源管理、资金管理、信息化管理、生产技术管理、安全管理等；全过程性即精细化管理贯穿于企业的各项工作和每一个过程。实行精细化管理，要加强教育宣传和培训，要以现有的管理制度和企业标准为基础，要遵循从易到难、从简

单到复杂的原则，要从"细"处着眼，在"精"上下功夫。

企业要想获得良好的精细化管理效果，必须进行重点管理，集中突破，通常可以从以下几个方面着手：

一是改变岗位"砝码"不合理的现状。很多企业都存在岗位安排不合理的问题，特别是基层员工，其工作内容往往是由基础性工作、临时性工作、阶段性工作、协助性工作等多种形式构成的复合体，事情又多又杂，为了完成任务，应付考核，员工只好"眉毛胡子一把抓"，哪一样都抓、哪一样都抓不好成为一种普遍现象。管理者应站在员工"执行状态"的角度，认真考虑员工能够承受的专业难度和强度，合理地设定岗位职责、工作量和工作内容。

二是改善执行不到位的状况。俗话说，赢在执行。任何制度或策略，如果执行不到位，就不可能达到预期的效果。因此，必须制订合理的工作计划，实行岗位责任制，将每项工作具体落实到每一个部门或个人，强化责任意识，特别是基层领导的责任意识，通过学习、考核等强制措施来加强各项制度的执行力度。

三是彻底改变治标不治本的现象。有些企业一味追求目标管理，至于员工采取什么样的手段或方法去达成目标，这些手段或方法是否损害了企业的形象和利益，是否损害其他部门的利益，是否是为了实现目标而凑数，则无人问津。赢了目标却丢了形象或损害了其他部门的利益，实际上就是顾此失彼、得不偿失，所以企业在治标的同时应注重治本。

实行精细化管理是一项长期的工作，企业不仅要不断地进行精细化管理的推进工作，还要不断地进行分析和规划，修正经营方略，以适应不断变化的外部环境。

细节造就完美的执行力，我们追求细节有多深入、多执着，执行力就会有多好。一般人认为，企业的管理者不应关注细节问题，而只需把握企业的主干——生产、经营和销售等方面的大原则就可以了，各种具体的细节问题应完全放手让部属去干就行了。其实这是一种欠妥的管理方法，优秀的领导者从来不会不管细节问题，反而会适时地对它追根究底。

一般来说，现代企业管理主要应经过三个层次的管理，第一个层次是规范化，第二个层次是精细化，第三个层次是个性化。这是企业发展的必然。许多企业通常停留在第一个层次末期，第二个层次初期，因此，在企业还未全面开展精细化管理之前，企业管理者要加深对其的认识和了解。其实简单地说，精细化管理就是落实管理责任，将管理责任具体化、明确化。它要求每一个管理者都要尽职，并在第一次就把工作做到位，工作要日清日结，每天都要对当天的情况进行检查，发现问题要及时纠正、及时处理等。更为重要的是，精细化管理是一个全面化的管理模式，而不是要求管理者事必躬亲，它包含以下几个部分：

第一，精细化的操作。企业应确保日常活动中的每一个环节都遵循一定的规范和要求，从而使员工的每一项操作步骤都有标准可参照，从而让企业运作更加正规化、规范化和标准化。

第二，精细化的控制。精细化的控制体现在企业业务运作的每个流程上，它要求这些流程都必须要有计划、审核、执行和回顾。这样能够减少企业运作的失误，杜绝部分管理漏洞，增强流程参与人员的责任感。

第三，精细化的核算。企业经营管理者必须将所有与财务有关的行为都记录在册，并进行核算。经过系统的核算来发现经营管理中的漏洞和盲点，减少企业利润的流失。

第四，精细化的分析。精细化分析也就是将经营中的问题从多个角度去展现和从多个层次去跟踪，以此为依据研究提高企业生产力和利润的方法，它将成为企业取得核心竞争力的有力手段。

第五，精细化的规划。所谓精细化的规划则是指企业所制订的目标和计划都是有依据的、可操作的、合理的和可检查的。麦当劳公司的管理就是一种最为典型的精细化管理，麦当劳内部的一切管理都是数字化的，从可乐温度、食品烤制、牛肉饼大小到吸管粗细、柜台高度、等待时间，都做到精确到位，切实地将细节落实到管理中。

局部细微的弱点都将最终导致全局的崩溃，所以我们的管理工作要体现追求利润最大化这一特点，且必须注重细节，追求精益求精。

把握好执行中的几个关键细节，将有助于推动计划的顺利实施。这些关键细节是：

首先，确立一个可执行的目标。没有目标会迷失方向，目标不明确会走向歧路，目标不可衡量则无法评估，因此企业必须保证执行目标的明确化、数量化，从而真正实现目标可度量、可考核、可检查。

其次，合理安排执行时间。许多企业计划都存在着这样一个毛病：随便什么时候开始，不确定什么时候完成，因为依大多数人的经验来看，变化太大，计划容易受影响。这恰恰是企业计划得不到有效执行的关键问题所在。因此讨论决定了的事情，管理者一定要知道什么时候开始，什么时候完成。

再次，重视事情的轻重缓急。影响执行效率的另一个因素便是能否掌握好事情的轻重缓急，是先做紧急的，还是先做重要的，往往会成为管理者们难以抉择的事。其实管理者可以用80%的时间解决重要的事情，20%的时间处理琐事，当然这要求管理者们先确定什么是重要的事，什么是琐事。

最后，管理者要提升自身能力。管理者要注重培养并具备领悟和计划能力、指挥和协调能力、授权和判断能力、创新能力等。

总之，要想通过精细化管理增值增效，必须建立精细化的运作机制，完善精细化的管理制度，实施精细化的职能管理，树立精心安排、精确决定、精明管理、精打细算、细化目标、细分责任等观念，倡导责任明确、措施得当的工作作风，精耕细作，为企业的效益提升而努力。

# 第九章

## 协调配合，共同执行

当今社会，竞争日趋紧张激烈，在很多情况下，单靠个人已很难完全处理好各种错综复杂的问题并采取切实高效的行动。这就需要人们建立合作团队来解决错综复杂的问题，并进行必要的行动协调，依靠团队合作的力量创造执行奇迹。

# 融入团队，执行注重配合

在职场中，只有拥有一个很好的团队，才有可能创造出更多的财富来。俗话说，三个臭皮匠，顶个诸葛亮。一个人无论多么优秀，有多么强的能力，也有力所不能及的事情。而一个团队，就算每个人都很平庸，但只要通力协作，也一定可以出色地完成任务。由此可见，人多力量大也是不无道理的。

现如今，具有良好的团队合作意识已经成为众多企业招聘员工的一个基本要求。一滴水想要不干涸，唯一的办法就是融入大海。同样的道理，每一个人都是一滴水，只有融入团队这个大海中，才有可能更好地发挥自己的所长，一展自己的才华，实现永不干涸的价值。

美国通用电气公司一直以来都十分注重团队合作精神的培养。该公司连续三年被美国《财富》杂志评为"最受大众推崇的企业"，之所以能够得到这样一个称号，就是因为他们公司拥有一个很完美的合作团队。毫不夸张地说，通用电气公司的所有人员都属于同一个团队。在招聘员工的时候，他们的人力资源总监认为，他们需要的员工必须要有团队合作精神。如果缺乏团队意识，不愿意和人合作，那么这样的人在现代企业中是很难成功的，同时也不是通用电气公司所需要的员工。

要知道，一个人想要获得成功，除了自身的努力和所具备的能力外，更重要的是要与周围的同事友好合作，把自己的优势在工作中淋漓尽致地发挥出来。要想为企业创造出更多的财富，就必须发挥团队的力量。一个好的成熟的团队，才能应对各种各样的困难，跟公司共同发展。

在企业里，一名工作人员可以在执行任务之前尽量了解事情的具体情况，但一旦接受任务后就必须坚决地完成，因为领导层的命令，有的可以与执行者沟通，讲清理由；有的则不能沟通，任务有一定的机密性，有时只需要做而不需要知道理由。

拥有一个和谐和相互依赖的团队有时是关系到一个企业生死的至关重要的因素。有了团队意识，公司的效益上去了，员工的利益自然也就得到了保障，这是每一个员工都应该谨记的真理。

梁乐乐和范大飞是大学同班同学，在学校的时候，梁乐乐是班上的优等生，而范大飞却成绩平平。后来两人进入同一个公司工作，梁乐乐仗着自己有才华，就骄傲自满，不愿与公司的同事一起合作。范大飞因为基础比较差，所以到了公司就主动和同事们打成一片，有什么不懂的也能虚心地请教。由于范大飞踏实肯干和谦虚，很快就赢得了同事们的喜欢。

后来到了评选优秀员工的时候，范大飞因为业绩突出和同事们的支持，被评为优秀员工，得到了公司的奖励。而梁乐乐的业绩尽管也很优秀，甚至比范大飞还要好一点，可是由于和周围同事们的关系不好，缺乏团队精神，所以就没有被评上优秀员工。

梁乐乐觉得自己被同事孤立了，英雄没有用武之地，便愤然辞职。后来，他又找了几个工作，都因为同样的原因而不太满意，因此懊恼不已。但是，梁乐乐一直不知道他的最大问题就是没有很好地融入整个团队中，他一直把自己置身于整个团队之外，不与团队

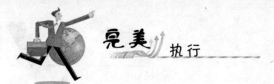

成员通力协作。

如果你像梁乐乐这样，如果你总是孤芳自赏，自我感觉良好，拒绝与他人合作，不肯融入整个大团队之中，必定会受到冷落甚至有可能被孤立。

在当今的现实社会中，企业的分工越来越细，一个人的能力再强，也有不能完成的事情，如果这时仍然恃才傲物，终将被团体排除在外，被企业所淘汰。

团队合作精神不仅要求员工具有与人沟通的能力，而且要求员工具有与人合作的能力。现实生活中的许多例子都说明了这样一个道理：每个人都不可能是完美的，但是把所有不完美的人联合起来，就有可能组成一个完美的团队。

## 建立以信任为本的人际关系

留心一下你的组织内部的人际关系，你会发现，几乎所有的人际危机、人际冲突、人际摩擦都源于一个基本的因素——缺乏信任。

信任是理解的基础，是维系人际关系的纽带，可以说一个组织是在所有成员具有相互信赖的氛围之后，才能真正地运转起来。如果你的下属彼此之间缺乏信任，那么任何的劳动分工与团队合作都是无稽之谈。缺乏信任的根基，每个人都会在强颜欢笑的同时，怀有戒备之心。缺乏信任，你的组织成员在同一个工作场所也会出现截然不同的两幅图景：有的人累得心力交瘁，而有的人却抱定"你肯定干不成这件事"的心理在一边冷眼观看。结果，"个人主义"占了上风，工作因缺少各方面的协作而成绩平平。

可以说，没有信任作为根基，你的组织可能会陷入一片混乱。当人们惶惶不可终日，充满猜忌、敌意时，不但无心工作，而且会使整个组织内部充满了令人窒息的压抑氛围。

如果你的组织确实面临着严重的信任危机或是你也感受到压抑的沉闷的"空气"在周围时，你就该注意一下组织内部人际关系这一重要环节了。

就不同组织的内部情况来说，阻碍人们相互信任关系建立的障碍有以下几个：一是始终一致的集体价值观的空缺；二是人与人之间的相互操纵；三是组织自身运转存在问题；四是抑制性的工作气氛。

那么如何消除这些障碍呢？一般来说，应从以下几个方面着手：

第一，把员工的个人价值准则、不同的兴趣爱好与组织管理协调一致到组织框架内。

每一个员工都有不同的兴趣、爱好与价值准则，这也正是组织内部富有活力、充满朝气的重要原因。个人价值观是人在历经世事波折之后，个人感悟的沉淀，它似乎是很难改变的，但它可以发展与延续。信任关系的建立也正是基于这种共同的价值观。在员工们朝夕相处的工作环境中，这种组织价值观的渗透，将会拉近彼此的心。这里只有建立平等、协作与信任关系，杜绝一方凌驾于另一方之上，或是动机深藏而不露地操纵等情形发生。信任意味着共享，而操纵意味着掠夺。

某集团总裁曾说过："我最重要的责任就是对外建设一个良好的企业生存环境，对内形成一个非常的凝聚力，这也就是造势，举起一个大伞，让员工去实现他们的目标。"他提倡"大家庭"管理理念，积极倡导"简单沟通法"和"不信任第三方"，将复杂的问题简单

化，坦诚直言谈问题，从而建立了一套从上而下的诚信体系，把从四面八方来的各类人才都凝聚在一起。

第二，以人性化管理取代试图以操纵为目的的工作方式。

处于组织之中的每个人不但有人身自由，也有独立的人格，协作应该是每一个组织成员的自觉行为。最易使用操纵权力的，也许正是领导管理层中的人，得天独厚的条件会使他们很容易拿起权力的大棒对员工们指指点点。他们也许会觉得这是职责所在，向员工委派任务、下达指示、传达命令都是分内之事，但在无形之中，他们已被一种思想误区操纵，并逐渐影响组织内部的人际关系。其实当"命令""指示""传达""下达"等管理词语在管理层头脑中消失后，组织内部的人际关系也许就会向有利于实现管理目标和提高绩效的方向良性发展。

英国某公司的管理条例中明确规定：上级领导不得撇开职工的直接领导，向职工直接发布命令，或者提升和惩戒职工。美国电器公司前任董事长兼总经理唐纳德·伯纳姆是一位著名的管理专家，他在《提高生产率》一书中提出提高工作效率的三条原则，就是在工作中必须先问能不能取消它？能不能与别的工作合并？能不能用更简便的、大家更容易接受的东西代替？这些都说明了人性化管理的重要性。

第三，建立组织内部的平等与协作，树立每个人的信念。

在一个组织里，没有人是特殊的，即便管理者会多多少少让一些员工产生畏惧，但如果能做到平等，则会扭转人们的这种看法，而且会加深员工对平等协作含义的更进一步的认知。管理者在与员工广泛的接触之中，这种可贵的精神会潜移默化地影响他们，从而促进平等协作关系的进一步发展。

著名的罗伯森公司执行的"精神工作群"计划，是由总经理克利夫推行的，他在察觉到公司逐渐失去纪律性后决定采用一种新的组织制度。根据这一计划，每一个工作群都是针对某个特别的工作计划而组成的，成员组成的条件依工作的特性而定，而不考虑个人在公司里职位的高低。这种制度打破了各部门之间的藩篱，这种组织结构使罗伯森公司的生产效率大大提高，并带给罗伯森公司巨大的成功。

第四，营造开放、自由的工作氛围，全面调动员工的主动性、积极性和创造性。

在复杂的压抑的气氛中，人们是不可能建立起相互之间的信任的。由于对信息占有不够全面，使得人们根本无法对彼此的工作方法和步骤有全面的了解，在茫然中，人们只能在心里设起了防线。由于缺乏交流，人们自身的工作习惯与方法得不到有效的传递，这就使得人们之间的误解不断加深，久而久之积"怨"成"恨"，人际关系会变得越发紧张，甚至组织内员工之间充满了怨恨，"对面相见不相识"的悲凉场景时有发生。由此可见，信任只有在开放、自由的环境中才能存在，如果管理者明白了自由、平等与协作的重要性，他就应该更加主动地去和员工接触，促进组织内部"上下""左右"之间的沟通和了解。例如，可以通过组织一些文娱活动来加强管理者与员工的联系，积极营造出和谐的工作氛围，最终达到有效管理的目的。

某著名企业曾推行"公司内团体活动"，设立"亲睦团体"，许多同学、同乡以及相同兴趣爱好者纷纷加入"亲睦团体"中。由于人数越来越多，以致不便开展活动，为此有人将其分成更小的团体，使参加者更加随意、亲近地接触，从而很好地培养了员工的团队意识。通过参加这些聚会，大家既有相互谈心沟通的机会，又对公司各方面情况有了一定的了解，使大家更热爱公司。

总之，良好的人际关系是管理行之有效的重要表现，提高管理工作效率必须建立在良好的人际关系基础之上，必须建立在以人为本的基础之上。一个管理者在经营管理时若割断人际关系与管理工作效率之间紧密的关系，将难以进行有效的管理，这样一切管理活动也将流

第九章 协调配合，共同执行

于形式，难以达到理想的效果，管理工作效率更将无从谈起。因此，只有把人际关系与管理工作紧密结合，管理才会取得理想的效果，达到更高的水平。

在人与人的交往中，信任危机已经越来越引起人们的关注。怎样去相信别人？你首先要做到的是让别人相信你，只有相信才能产生信任，而怎样让别人相信你呢？你必须做到以下几点。

首先，良好的人际关系有助于形成人的道德情感。我们通过观察就能发现，在相容、相近、亲密的人际关系中最容易形成集体主义、利他主义及善良、热情等高尚的道德品质。

其次，良好的人际关系有利于保持人的心理健康。和谐的人际关系能满足人的精神需求，使人产生积极的自我肯定情绪，这种情绪状态有利于人保持愉快的心境。在和谐的人际关系中，每个人都能感觉到自己对他人的价值和他人对自己的意义，这对于人的心理健康是很有益的。

再次，良好的人际关系能有效地促进活动的顺利完成。在和谐的人际关系中，人们心情舒畅，智力思考活动得以正常进行。广泛而和谐的人际关系有利于人开阔视野，扩大选择范围，增进信息来源。

最后，良好的人际关系可以提高合作水平及和谐度，有利于社会的发展和进步。

没有他人提供的物质资料，我们无以为生；没有他人给我们精神上的慰藉，我们会度日如年。对于一个社会来说，后一点尤为重要。我们每个人渴望的关心和爱护，我们每个人希冀的理解和友谊，我们每个人需要的尊重和承认，都只有从他人那里才能得到。没有他人对我们的期待、信赖、友好与尊敬，我们就无从获得所需要的安全感、幸福感和成就感，我们的存在也会失去价值和意义。

我们为了获得精神上和情感上的满足，就要学会与他人和谐相处，要学会调节自己与他人的关系，而形成良好人际关系的一个重要条件就是信任。人的感情沟通是同质的：爱引起爱，忌妒引起忌妒，恨引起恨，这是感情的正相关效应。所以，我们要以爱来唤起爱，以爱来回报爱，以信任来唤起信任，以信任来回报信任。通过不断的协调配合，建立信任关系，营造出良好的工作氛围，这样才能精诚团结，共同完成任务。

## 打造团队精神，做到步调一致

古人云：人心齐，泰山移。我们也常说"团结就是力量"。在向市场经济转轨和参与国际竞争的大背景下，弘扬团结协作的精神对于建设好一个组织、一个企业具有极其重要的意义。

有位高僧曾问他的弟子们："一滴水怎样才能不干涸？"弟子们面面相觑，无法回答。高僧说："把它放到大海里去。"个人再完美，也就是一滴水，而一个优秀的团队才是大海。

团队精神就是团队的成员为了团队的利益和目标而相互协作的意愿。将个体利益与整体利益相统一，从而达到组织高效率运作的理想工作状态，是高绩效团队的"灵魂"，是成功的团队中不可缺少的特质。

"一滴水只有融入大海，才不会干涸。"团队精神在我们的日常工作和学习当中至关重要，只有坚持把团队利益放在第一位，充分听取、理解团队中其他成员的意见及建议，根据每个人的岗位分工的不同，尽量发挥每个人的优势，才能更好地开展工作。唯有这样，才能

充分发挥每个人的力量，打造完美的团队。

著名心理学家荣格曾列出一个公式：I+We=Fully。意思是说，一个人只有把自己融入集体中，才能最大限度地实现个人价值，拥有完美的人生。认识到自己的不足，善于看到别人，尤其是同事的长处，是良好团队精神的基础。现代社会并不缺少有能力的人，但每个企业真正需要的是既有能力又具有团队精神的人！没有完美的个人，只有完美的团队。单打独斗的时代已经过去，唯有团队合作才能取得胜利。拥有一支卓越的团队就等于拥有了成功。一个没有团队精神的组织，将是一盘散沙。

时代需要英雄，但更需要优秀的团队。没有人能依靠一己之力获得某项事业的成功，唯有依靠团队的力量，依靠他人的智慧，才能使自己立于不败之地。建设一支有凝聚力的卓越团队，已是现代企业生存和发展的一个基本条件。一个企业唯有依靠团队的智慧和力量，才能获得竞争优势，具备发展潜力。团队精神已经成为一个人乃至一个企业立足于当今信息时代的核心竞争力。

在这个团队制胜的年代，世界上的很多企业都在努力培养自己的团队精神，建立起各种类型的团队，把越来越多的工作交给团队来完成，这就是生活中的"蚂蚁规则"。

一只蚂蚁如果单独在地面上，它只会毫无目的地乱爬。但是当蚂蚁聚集成一堆，情况就完全不同了。它们会建造复杂的蚁穴，搜寻食物，并通过长途运输把食物带回家；它们会保护卵和幼虫，在蚁穴的通道里培植真菌等。一只蚂蚁可能不会引起你的重视，但你绝不能小视一群蚂蚁的力量。

在现代商战中，团队精神将决定企业的兴衰成败。

某一天，有位教士找到神说："为什么很多人都不愿意去地狱，而要去天堂呢？天堂和地狱之间到底有什么区别呢？"

神听后点点头，不无感慨地说："我还是带你亲自看看地狱和天堂之间的区别吧。"

于是，神带着教士首先来到地狱。

教士发现地狱的中间摆着一口煮食的大锅，周围坐满了人，但他们个个面黄肌瘦，愁眉不展。教士心里纳闷："这些人为啥守着锅里的饭不吃呢？"

教士又细心地察看了一番，这时才发现，原来每个人手里都握着一只长柄的勺子，因为勺柄过长，所以无法将食物送到自己嘴里，大家只得苦着脸，忍饥挨饿。

看完了地狱后，神又带着教士走进天堂。

天堂跟地狱一样，也在中间放着一口煮食的大锅，而且锅的周围也坐满了人。然而与地狱不同的是，每个人都是满脸红光，精神焕发，显得十分愉快。教士不解地问："为什么天堂里的人这么快乐，而地狱里的人却愁眉不展呢？"

神回答说："因为这里的人用长柄的勺子从锅里舀出饭来，不是急着自己享用，而是喂给别人吃。同样的条件，只是改变了一下思维和心态，困难不就很容易地解决了吗？难题解决了，大家都能有饭吃，所以自然会过得快乐了。"

上面这则故事正是体现了"团队协作"的力量。

"团队协作"是团队管理中提到最多的关键词。怎样才能更好地合作呢？怎样才能发挥团队成员的管理潜能呢？怎样才能改变团队成员的协作模式，不再被动地执行呢？这在传统的管理模式中是一个难题。

我们经常看到的大雁，就是采用类似的科学领导模式。大雁组成

人字形的飞行团队，当领头的大雁飞累的时候，它就会退下来，另一只就顶到前面的领飞位置，这样不断变换领导位置，从而保持领飞的动力。据说，大雁这样飞行的时候，能够比单独飞行节省很多的能量。

在《西游记》中，师徒四人作为一个团队，每个人都逐渐学会了在团队中的生存规则，互相取长补短，发挥了团队精神的强大作用，才历尽千辛万苦，到西天取得了真经。而作为企业的员工，我们每天需要与各种各样的人打交道，那么团队精神就显得尤其重要。每个员工都应该是一块"好钢"，但必须要放在团队这个"大熔炉"中，经过千锤百炼，才能够创造优秀的成果。

因此，一个有高度竞争力的组织，包括各种类型的企业，不但要有高素质的人才，更要有完美的团队。

## 坚决服从是执行的必备素质

我们来看看下面这个故事：

有一位叫卡特的年轻人，一天，上司让他去一个新的地方开辟市场，那是一个十分偏僻的地方。在很多人看来公司生产的产品要取得销路是十分困难的。因此，在把这个任务分派给卡特之前，上司曾经三次把这个任务交给过公司里的其他人，但是都被他们推掉了。他们一致认为：那个地方没有市场，接受这个任务最终的结果将是徒劳。卡特在得到上司的指示后什么话也没有说，只带着公司产品的一些样品就出发了。

三个月后，卡特回到了公司，也带回了令人振奋的消息：那里有巨大的市场。其实，卡特在出发之前，也认定公司的产品在那里没有销路，但是由于他具有服从意识，还是毅然决定前往，并用尽全力去开拓市场，最终取得了成功。

卡特的这种执行精神应该是所有员工都必须具备的。无论什么时候，你都应该主动、积极地去完成上司交给你的任务。不要给自己任何借口和推卸责任的理由，上司要的是结果，而不是你再三解释的原因。也许你会说："不是所有上司的指令都是正确的，上司也会犯错误。"当然了，任何人都可能犯错误，但是一个高效组织的成员一定要有良好的服从观念，一个优秀的职员也应该有服从意识。如果下属不能很好地服从上司的命令，这样的团队必将走向失败；反之，则能产生强大的执行能力，取得巨大的成功。只有服从领导，才能把领导布置的工作执行到位；没有服从，就没有执行到位。

导致执行不到位的最主要原因是什么？就是因为落实的人不服从领导的安排，没有服从观念，不按照领导的要求去做事情。简单来说，就是不服从领导，不配合工作。

服从，是一个执行者最基本的素质。一个执行者，无论多么有才华、有能力，如果不具备服从的精神，那么他最终也会一事无成。很多有才华的人，之所以最终一事无成，在很大程度上就是因为他缺乏服从的精神。

服从往往意味着牺牲和奉献。既然要服从，往往就需要放弃个人的想法，而一心一意地执行上级的命令和指示。因此，如果从个人利益与集体利益关系的角度来审视服从这一行为的话，服从实际上是利益得失的问题。一个人若能以集体利益为重，肯定会自觉地服从上级的命令、指示，自觉地做出奉献和牺牲。

服从并不只是个态度的问题，还在一定程度上反映了一个人的

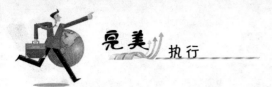

团队精神与组织观念。如果不服从，能否把工作执行到位？答案是不能。美国著名的西点军校有这样一个观点：只有具有服从品质的人，才会在接受命令之后，充分发挥自己的主观能动性，想方设法完成任务；即使完成不了也能勇于承担责任，而不是找各种借口来推卸责任。

由此可见，一个人如果连服从都做不到，怎么能具有很强的责任感、纪律观念和自律意识？又怎么能正确处理个人利益与组织利益之间的冲突？不服从，就代表他不接受领导交给他的任务，或是仅仅按照符合自己利益的方式去完成任务。

没有服从理念的员工不是真正优秀的员工，也无法向自己的人生目标迈进，所以要把服从作为核心理念来看待，不要给自己找借口，找推卸责任的理由。无数公司因为员工纪律涣散、执行能力差而走向衰败。公司在每个阶段都有自己的计划，而计划的执行者是公司中的每一个员工，所以执行能力的提升对于公司战略目标的实现具有重要的意义和决定性作用。

服从是一种美德，是员工职业精神的精髓。服从是行动的第一步，服从的人要遵照指示做事，暂时放弃个人的独立自主，全心全意地遵循所属机构的价值观念。一个人只有在学习服从的过程中，才会对其机构的价值及运作方式有一个更透彻的了解。

服从是执行的开始。西点军校认为，军人必须以服从为第一要务；学不会服从，不养成服从观念，就不能在军队中立足。军人如此，员工亦如此。有人认为，在一个组织里面，如果部属不能服从上司的安排，那么就很难实现共同的目标。只有服从上司的安排，才能更好地发挥自身超强的执行力，让组织与个人在竞争中脱颖而出、胜人一筹。因此，服从就是执行力和竞争力的一种表现。

军人的天职是服从，同样，员工的天职也是服从。一名员工，要完成上级布置的任务就必须具有强大的执行力，而强大的执行力，则意味着对上司下达的指令和任务欣然接受，全力以赴地贯彻执行；意味着无论遇到什么样的艰难险阻，甚至陷入绝境，也必须恪尽职守，不达目的不罢休。无论是谁，如果一直贯彻这种理念，他在工作中一定会取得很大的突破。

卡耐基是一个初出茅庐的小伙子，是美国一家公司最年轻的职员，工作非常勤奋。随着公司业务量的增多，公司准备在西部地区开拓一个新市场，但新市场的负责人迟迟未能确定下来。当时，美国西部还处在开发的起步阶段，大部分地区都很贫穷，在这样的地方开辟市场非常困难。那些经验丰富的人都不愿意吃这个苦，最终，默默无闻的卡耐基成了唯一人选。卡耐基接到任命通知时没有任何怨言，带着公司生产的产品样本就出发了。卡耐基积极与当地顾客沟通，介绍公司产品，并向公司提出修改、完善的建议，经过几个月的努力，最终在那个人人都预言没有销路的地方开拓了市场，站稳了脚跟。

当卡耐基把这个令人振奋的消息带回公司时，人们惊奇地问他是如何看到那里的开发潜力的。卡耐基浅浅一笑说："其实在出发时我也没有信心，而且觉得你们的观点是正确的，但我必须服从公司的安排。到那里后，我知道我必须全力以赴地去执行我的任务，结果我成功了。"

真正的服从应该是无条件的服从，是没有任何借口的服从，只有这样才能产生惊人的力量。一个企业要发展，就要使员工必须坚决服从企业的安排，拖沓、不负责任的员工可能会给企业带来巨大的

损失。

　　服从是员工的天职，是员工应该具备的素质之一。服从上级安排是员工的第一美德，是工作中的行为准则，是锻炼工作能力的基础。同时，服从也是工作的推进剂，能使人产生勇气，激发人的潜力。员工只有具备这种服从精神，才能提高自己的执行能力。

　　理论和故事看起来总是很简单，但是在真实的企业管理中，我们能否按照所谓的管理规范，进行严格的管理呢？非常遗憾，实际上没有几个企业能够真正地做到让员工"服从"管理。

　　曾经有这样一家公司，他的销售人员并不是很多，大概五十多人，而且公司人员的流动性不是很高，随着工作时间的增长，领导发现这些销售人员已经越来越疲沓，迟到、工作懒散、怠工等情况时有发生，为此他们采取了各种强有力的管理措施，包括完善管理制度、加强奖惩措施等，但是他们发现，无论什么样的管理方式对他们的刺激作用并不大，批评了、处罚了之后仍然这样，即便是表面上改正了，但是骨子里面仍然没改。这些销售人员心里非常明白，公司再怎么治理也不可能把他们全辞退了，太过分了大伙就不干了，公司也就垮了。面对这样的局面，公司多数情况下会采取有所顾忌的管理，而这又会助长销售人员的肆无忌惮。

　　"员工的天职就是服从和执行"，这是镌刻在美国一家公司培训室中最醒目的警句。毫无疑问，尊敬和服从领导是所有组织的要求，是所有公司的制度约束。领导是公司的核心力量，不管你在公司遇到怎样的领导，只要他的命令在法律和道德的框架内，你都应该无条件地服从，用尊重和服从来维护他的权威。对任何一个组织来说，没有服从与执行的关系，是不可想象的，这会导致以下几种情况出现。

　　第一，管理层陷于瘫痪。

　　一个组织必须要具有高效的执行力，让上上下下形成"一块钢板"，为同一个目标而不断前进，这才是执行的效应。如果组织缺乏这种执行的力度，"空有位置，没人干事"的现象便会常常出现，结果导致企业效率低下，从根本上失去竞争力。再者，由于执行缺乏力度，组织内部混乱和疲软，成了一个徒有虚名的"空壳"。

第二，员工层陷于散乱。

如果员工失去服从，那么这个队伍就会变成战场上的败阵；相反，如果他们愿意服从，就会把组织变成自己的家，爆发出能够创造高效率的活力。

第三，管理层与员工层陷于脱节。

组织的生命在于效率，而效率的产生就在于服从。最好的管理者，一定是让员工最愿意服从的领导者；最好的服从者，一定是让管理者最满意的员工。管理的宗旨在于使执行合理、准确、有效，而不在于任意发布几道"圣旨"；员工的任务在于服从，与管理者密切配合，与管理者心往一处想，劲儿往一处使，从而让管理者彻底放心。最聪明的员工都是善于服从的人。服从是艺术，执行也是艺术。服从与执行的最佳组合，不但能造就成功的管理者，还能培养出有前途的员工。杰克·韦尔奇说："不懂执行的管理者，一定是最糟糕的领导者，他能把公司带入歧途；善于服从的员工，迟早都会成为这个公司中最有活力和地位的精兵。"我们把杰克·韦尔奇的这句话，送给每一位为组织执着前行的管理者，同时也送给每一位试图在组织中打造能使自己成功的平台的优秀员工。

## 要善解决冲突，团结协作执行

一个单位内部各部门之间的竞争或合作必定会产生许许多多的矛盾，导致一个部门和另一个部门的成员之间产生抵触情绪。同样，就像部门内部的矛盾必定会影响员工的工作情绪和降低工作效率一样，部门之间的矛盾也会使公司业绩大大滑坡。一名中层领导，不仅仅是部门内部的领军人，更是公司领导阶层内部不可缺少的成员，他有维护部门利益的权力，更有保证公司效益的职责。所以，化解部门间的矛盾，是他和所有与他一样的中层领导应该为单位尽的义务。

当你发现你的大部分员工对某个部门产生抵触情绪的时候，你最好毫不松懈地做一些调查工作，当你掌握了第一手的资料之后，不妨找你的同事谈一谈。需要说明的是，如果你和他们之中的任何一个人仍抱着狭隘的"局部主义"观念，完完全全从自己部门利益出发考虑问题，那么矛盾绝对不会有解决的一天。在这个时候，你们首先应该各自确立自己解决问题的态度，矛盾已然产生，"化干戈为玉帛"才是上上之选。所以，你们应当通过谈话来达成一致意见，甚至可以保持意见上的分歧而实现态度上的一致。只有这样，双方的员工才不会进一步激化矛盾，因为两位部门领导都已发出了缓和、忍让、谈判的友好的信号，所以员工们也应意识到和平解决矛盾的重要性。

准备工作一旦就绪，不妨由你们两位牵头开一个会，邀请双方的各级代表参加，开诚布公地谈一谈问题。这肯定不会是一件开心的事，如果公司里有专门处理这一类事情的机构，那么请他们出面是理所当然的，而且这种选择也是再好不过的。如果没有这类机构，那么需由你们共同推举一两名仲裁者，由他们坐在两个部门员工中间，了解情况。会议上的争执是不可避免的，但只要言语不过于激烈，让双方代表真诚诉说一下内心所想也未尝不可。但需要注意适可而止，如果他们一时克制不住怒火，那么可以把与会者的注意力转移到事情、矛盾本身上来，而不是不停地泄愤。你可以用提问的方式将话题引过来，例如，"既然你们对我们的做法这么不满，那么能否请你们详细地谈一下你们所见到的实际情况。"或者是"他们说的对吗？你们当时真的是这样吗？"通过这样的引导，至少有助于双方代表对于事情的经过给予更多的重视。最后，促成双方代表对问题达成一致的看法——这就要看你和另一位中层领导以及中立协调人的态度了，你们的目标应该是让两个愿意合作的团体一起走出会议室。双方可能会达成完全的和解，彼此产生好感。如果这些目标都很遗憾地未能达到，那么至少在这几十分钟的谈话中，双方对事件的真实情况有了进一步的了解。也许在知道了一些事先不被了解的背景之后，双方会对矛盾的直接原因有一个更深刻、全面的认识，这样也会为以后化解矛盾打下良好的基础。

有冲突是坏事吗？未必，但任由冲突愈演愈烈，对个人和企业都有害无益。如果处理得当，就能化害为利。

冲突处理不慎，就会引火烧身，造成冲突各方关系不和，生产效率下降。如果听之任之，就会导致企业出现问题，使员工的精力、时间及企业资源分散，最终使企业遭受破坏，陷入财务困境。

不过，若处理得好，企业就会受益无穷。得到妥善处理的冲突有如安全阀，能让人发泄怨气，又不会引爆情绪，并找出办法解决棘手的问题。

有人曾经说过："唯有直接面对，才能有所改变。"回避冲突，

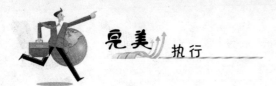

就不能解决冲突，因为大部分冲突不会自行了结。如果对冲突进行有效地管理，就能增强企业的凝聚力和提高员工的忠诚度。

我们为什么会有冲突？有几条理由应该是普遍存在的。首先，员工、企业各部门及企业之间存在着相互依赖关系。其次，协商者把不同的目标拿到桌面上商谈，也会产生冲突，其他的缘由也包括资源争夺、个人困难等。

要想化解冲突通常有以下几种方法。

1. 避免矛盾发生

从内心里讲，任何一个人都不希望矛盾产生、激化，彼此和谐共处、没有矛盾是人们所向往的状态，将矛盾消灭在萌芽状态是大家最需要掌握的方法。

（1）转移法：如果你是一个自制力强的理智型的人，那么在将要与对方发生争执的时候，你可以去听听音乐、打打球、到外边走走，转移自己的注意力，缓解自己的情绪，但不能迁怒于他人。如果你是一个自制力不很强的情绪型的人，很难事先察觉矛盾的存在，也就很难转移情绪了，但是你可以逐步加强个人修养，努力使自己变成一个能够以理智战胜感情的人。

（2）寻找对方优点法：一起工作一段时间后，你不妨总结一下身边的人都有什么优点，用笔记下来。没事的时候，特别是发怒的时候，先看看这些记录，因为人总是在只记得对方的缺点而忽略了对方的优点时才会生气，看到自己的记录就想起了别人的优点，就容易去火消气，就容易避免争吵，也就不会发生冲突。

2. 防止矛盾升级

俗话说，"人上一百，千奇百怪"，人的性格难免千差万别，人与人在一起时间长了不发生矛盾几乎是不可能的，最重要的是，找到解决矛盾的方法。

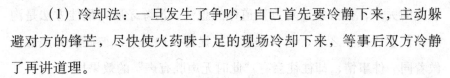

（1）冷却法：一旦发生了争吵，自己首先要冷静下来，主动躲避对方的锋芒，尽快使火药味十足的现场冷却下来，等事后双方冷静了再讲道理。

（2）录音法：谁先争吵，谁就先按下录音键，将两人争吵的内容记录下来，待情绪稳定后再听听，看看两人之间的争吵有无道理、有无必要。如果身边没有现成的录音机，可以使用手机或采取笔录法，将争吵内容一句一句记录下来，这个方法很麻烦，但这种麻烦正好可以强迫双方不再一句赶一句地和对方讲理，从而有效地避免了矛盾升级激化。

3．化干戈为玉帛

矛盾的存在是必然的，矛盾的发生往往是不可避免的，关键是怎样去看待它们。如果你总是死盯住别人一句错误的话、一个不经意间的动作不放的话，矛盾非但不能解决，反而会愈演愈烈；相反，如果多去找找自己身上的不足，多去谅解一下别人，这样反而会使彼此之间的关系在经过矛盾后更加亲密。

（1）发泄法：有气一定要发泄出来，不发出来要伤身，可以在日记本上写写自己的想法，可以找知心的朋友诉说自己的心情，甚至可以在没人的时候找个枕头之类不怕摔的东西摔摔打打，以发泄怒气。所谓"正人先正己"，所谓"严于律己，宽以待人"，在任何时候你都不能一味地将问题归罪于对方，在任何时候、任何地方，尝试着站在对方的角度想一想都是很有益的，而经常严格地审视自身的行为也是十分重要的——这也是荀子在《劝学》篇中所说的君子"日参省乎己"的行为。

（2）升华法：在与对方产生不愉快时，找一些对他人、对工作有利的事情，彼此共同参与进去，以培养双方的感情。毁灭一段情谊一个人就足够，但要维系一段情谊则需要双方共同努力。要想修复

第九章 协调配合，共同执行

彼此的关系，你必须让对方知道你的想法。消除矛盾的最佳方法是沟通，而矛盾发生之后，语言表达往往显得苍白无力，彼此默无声息地做着同一件事情，却往往会有"此时无声胜有声"的效果！

问题和矛盾产生的原因是多种多样的，解决的途径和方法也会有多种，关键是当事人遇事要冷静思考，权衡利弊，最终筛选出成本最低、效果最好的一种方法。

当然，每个人都有自己解决矛盾的方法，不妨挖掘总结一下，以备不时之需。无论如何，学会选择最佳途径和方法解决矛盾和问题，才是上上之策。

## 建立有敬业精神的执行团队

古人曾说，"敬业"就是"专心致志以事其业"，即用一种恭敬严肃的态度对待自己的工作，认真负责，一心一意，任劳任怨，精益求精。敬业精神是个体以明确的目标选择、朴素的价值观、忘我投入的精神、认真负责的态度，从事自己主导的活动时表现出的个人品质，敬业精神是做好本职工作的重要前提和可靠保障。

企业要想方设法培养员工这种自我超越的精神，从而建立起一支高效的执行团队。企业员工常常关注的是自己的技术水平怎么样，自己的工作做得好不好，而很少去关注公司的战略发展目标、是否赢利和市场竞争方面的情况等全局性问题。面对这种情况，企业领导者应该与员工交流业务和财务信息，使员工在思想上真正和企业连在一起。企业领导要对员工的工作和工作方式给予更为具体的指导，要达到这个目的，领导者应该从以下几个方面做工作。

第一，设立一个远大目标。一般来说，挑战是人类进步的天性，也是员工最容易受到激励的动机。当员工成功地实现很多的小目标时，心里面就会有成就感，这就为他们积累了新的成功机会。比如，一家公司要求各部门的利润年增长20%以上，员工却没有讨价还价的想法，因为员工喜欢这种充满挑战的环境，每一个员工都争着留下，忘我地工作，目的就是希望目标能实现。

第二，加强交流，增加透明度。员工最希望自己被重视，企业领导如果遇事多和员工交流，适当地让员工知道公司的一些重要信息，员工就会把公司的事当成自己的事来做，即使企业濒临倒闭，崇高的责任感也会使员工不离不弃，直到企业一步步重新走向辉煌。很多企业为了使员工做到这点，每天公开企业账簿，让员工切身感受到自己每天的工作对企业利润产生的影响。

第三，充分授权给员工。管理者要学会放权，对一些日常事务可以充分授权，让员工亲自参与处理企业事务，增强员工的主人翁意识，管理者自身也不至于忙得焦头烂额。在这方面，惠普公司市场部经理说："对我们来说，授权意味着不是由管理人员做每一项决策，而是可以让基层员工做出正确的决定，管理人员在此过程中只充当支持和指导的角色。"

第四，为员工提供理财建议。美国一家公司允许其员工半价购买等值于自己薪水4%的股票，如果员工在公开股市购买本公司的股票，还可以免收佣金。该公司的质检部总裁爱温·威麦斯格施说："这项政策旨在使所有员工都拥有公司的股份，如果你是当家做主的，就与公司和公司的未来休戚相关了。"一位外国企业管理专家认为，这能帮助员工增强自信。他说："如果你理财有道，就能培养一批有高度自信心的员工。人们往往在感受到被关心的时候才会感到有自信，他

们希望这种关心能用金钱或无形的方式表示。只要他们感到你在关心他们，他们就会跟随你，为你苦干。"

第五，帮助员工实现自己的人生价值。员工其实需要一幅自己的人生"规划图"，以便给自己指点迷津。一般来说，员工更愿意为那些能给他们以人生指导的公司努力工作。埃利温公司的一位销售主管德布拉·西卡曼说道："留住人才的上策是尽力在公司里扶植他们。"他经常在员工考核和日常管理过程中问员工，他们具有什么样的职业规划，然后就帮他们到达"目的地"。比如，一位叫朱尔亚·考特的销售经理想成为公司2000名销售员的培训师，而不想做一位生产线主管。于是，他就将她调到培训部，给她接近理想的平台。现在，她负责全部销售培训工作，工作十分出色。

第六，培训和教育员工。在这个知识经济的时代，持续学习绝不是浪费光阴，而是一种适应需求的表现。大多数员工都深知，要在这个社会里生存下去，锻炼其技能必不可少。公司通过拓展员工的基本技能，使他们能力水平更高，更有价值。这样，员工和公司就绑在了一起，公司就更具竞争实力了。

对团队敬业精神的培养需要很长的时间，但可以按下列步骤逐步来做这件事情。

首先，要使团队成员能够全身心投入一项工作中去，就必须使他们相信为这项工作花费的时间和精力是值得的。为"客户提供高质量的产品"相对来说值得去做，而"在上级规定的期限内完成工作"则有些勉强了。同时，要让团队成员感到，这是一项现在就必须去做的工作，而不能等到以后或者别的更重要的工作完成后再动手。"及时设计好样品，以满足客户需要"相对来说比较紧迫，而"写一份产品销售数量的报告"就不是一项非常紧迫的任务。

其次，确保团队中每个人都知道整体的任务是什么。在传统工作群体中，每个员工只知道自己分内的工作，他们可能根本不知道自己的工作在完成整体任务中有什么作用。团队不能这样运作，每个团队成员都应知道整体的任务。假如你的团队负责为公司编写简报，这些简报，有的是定期发行的，有的则是为满足特定的管理需求而不定期发行的，你的手下有编辑、作者、设计人员，还有负责发行的销售人员，你就可以这样描述基本任务：在预算范围内，遵守承诺，把高质量的简报送到客户手中。关注整体的任务会带来莫大的利益，对于一个团队，这是最基本的要求。

最后，一旦大家都明确了整体的任务，就要确保每个人都全神贯注地致力于完成整体的任务。在实际工作中，这意味着员工们为了整个团队的利益，有时要对自己的利益作出牺牲。这样，大家齐心协力，任务就能顺利完成。

在经济社会中，每个人要想获得成功或得到他人的尊重，都必须对自己所从事的职业、对自己的工作保持敬仰之心，视职业、工作为天职。

在海尔集团，敬业精神是重要的企业文化。张瑞敏强调："把每一件简单的事情做好就不简单，把每一件平凡的事情做好就不平凡。"然而在工作中，我们却经常听到一些消极的声音，例如："公司又不是我的，将来怎样和我有什么关系。""上班对我来说，就是当一天和尚撞一天钟。""工作差不多就行了，何必那么较真呢？"

毋庸置疑，这些都是企业员工不敬业的典型表现，他们不知道敬业是荣誉的象征，也是每个员工成长和成功的基本要素。

作为一名企业员工，只有具备敬业精神，才能在工作中更好地体现自己的人生价值，才能获得丰厚的薪水、更高的职位和更完美的人生。而对一个企业来说，员工的敬业精神将决定这家企业的竞争力。在企业里，员工敬业精神越强，工作效率就越高，企业的发展也就越迅速。

敬业精神是时代的呼唤，是社会竞争和发展的需要。敬业精神能够让每一位员工具有最佳的精神状态，并将他们的潜能发挥到极致。在工作中，每个人都要不以位卑而消沉，不以责小而松懈，不以薪少而放任，而应时时敬业、事事敬业，让敬业精神永存心中。

其实，有些事情本来是可以做得更好的，而做与不做的差距就在于你是否具有敬业精神。

有人说，敬业的最高境界是信仰。我们要说的是，首先你要热爱自己的工作，以前我们总说"干一行，爱一行"，现在社会更加灵活，常说的是"爱一行，干一行"。这样的人就是具有职业精神的人，有竞争力的人，不容易被社会淘汰的人。

有人问英国的一位哲人成功的第一要素是什么，他回答说："喜爱你的工作。"如果你热爱自己所从事的工作，哪怕工作时间再长，你都不觉得是在工作，而是在进行有意义的探索和收获。

成功与其说取决于人的才能，不如说取决于人的热忱和投入，全力地投入工作是每个人获得成功的要素，也是提高自身执行力水平的必备要素。

# 第十章

# 给出成果，落实执行

落实和执行是相对于目标和成果而言的行动。在目标和成果之间，有一个重要的转换器——行动。任何好的想法，只有通过行动，才有可能变成现实。

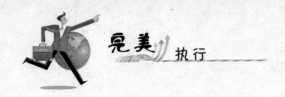

## 成功需要激情来激励

在所有伟大成就的取得过程中，激情都是最具活力的因素。影响人们生活的每一项发明、每一幅精美的图画、每一尊震撼人心的雕塑、每一首伟大的诗篇，无不是有激情的人创造出来的奇迹。激情是对所热爱的工作产生出的火一般的热情，优秀的劳动成果总是由头脑聪明并具有工作激情的人创造出来的。

对工作的热爱产生激情，激情造就卓越。爱默生曾经说过："没有激情，就没有任何事业可言。"杰克·韦尔奇在自传中写道："每次我去克罗顿维尔，向一个班级提问，拥有什么样的素质才能称得上是'顶级的玩家'。我常常高兴地看到第一个举起手来的人说是工作热情。没有什么细节因细小而不值得去挥汗，也没有什么事大到不可能办成。多年来，我一直在我们选择的领导者身上挖掘工作热情，热情并不是浮夸张扬的表现，而是某种发自内心深处的东西。"

什么东西能够让一个人为了完成任务而加班加点？什么东西能够让一个人可以在几年甚至更长的时间内去做琐碎细致的工作并一直追求卓越？什么东西能够让一个人能够面对任何困难而毫不退缩？什么东西能够让一个人经历无数次拒绝后仍然不会放弃？什么东西能够让一个人努力工作，不达目的不罢休？那就是进取的激情。

比尔·盖茨曾说过："每天早晨醒来，一想到所从事的工作和所

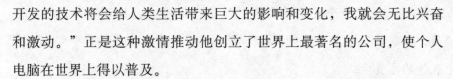

开发的技术将会给人类生活带来巨大的影响和变化，我就会无比兴奋和激动。"正是这种激情推动他创立了世界上最著名的公司，使个人电脑在世界上得以普及。

当然，我们对于理想有自己的考虑，并不一定非要像这些大富豪一样积累巨大的财富，我们有我们自己的追求。要知道，我们来到这个世界，不是为了浑浑噩噩、稀里糊涂地度过此生，而是要体现自己的人生价值，做最好的自己。没有人愿意虚度一生，谁都希望自己的人生充实、美满、富有意义。进取之心，人皆有之。可是随着岁月的流逝，越来越多的人失去了斗志和激情，这样是很不应该的。我们正处在人生的创造时期，怎能失去进取之心，毫无激情地度过此生呢？

一个人如果仅仅是勉强完成职责，那么他做起事来就会浅尝辄止，稍遇困难就会打退堂鼓，很难想象这样的人能始终如一地高质量地完成自己的工作，更别说做出创造性的业绩了。如果你不能使自己全身心地投入工作，你就难以获得成长和发展的机会，无论做什么工作，都可能成绩平平。只有在热爱工作的情况下，才能把工作做到最好。

要热爱自己的工作，说来容易做来难，关键在于你要看到你所做事情的意义和价值。如果你能换一种眼光来看待自己的工作，你的感受可能就会发生变化。

怎样发现和释放工作激情呢？著名人寿保险推销员弗兰克·贝特格在他的自传中向我们充分阐释了这一点：

在我刚转入职业棒球界不久，我就遭到了有生以来最大的打击——我被开除了，理由是我打球无精打采。老板对我说："弗兰克，离开球队后，无论你去哪儿，都要振作起来，工作中要有生气和

热情。"这是一个重要的忠告，虽然代价惨重，但还不算太迟。于是，当我进入纽黑文队时，我下定决心一定要在这次联赛中成为最有激情的球员。

从此以后，我在球场上就像一个充满斗志的勇士，掷球是如此之快、如此有力，以至于几乎要震落内场接球同伴的手套。在炎炎烈日下，为了赢得至关重要的一分，我在球场上奔来跑去，完全忘了这样会很容易中暑。第二天早晨的报纸上赫然登着我们的消息，上面是这样写的："这个新手充满了激情并感染了我们的小伙子们，他们不但赢得了比赛，而且状态看来比任何时候都要好。"那家报纸还给我起绰号叫"锐气"，称我是队里的"灵魂"。三个星期以前，我还被人骂作"懒惰的家伙"，可现在我的绰号竟然是"锐气"。

于是我的月薪从25美元涨到185美元，这并不完全因为我球技出众或是有很强的能力，在投入热情去打球以前，我对棒球所知甚少，除了激情，还有什么能使我的月薪在很短的时间内竟上升这么多呢？退出职业棒球队之后，我去做人寿保险推销工作，经过10个月的推销之后，我被卡耐基先生一语点醒。他说："贝特格，你毫无热情的言谈怎么能使大家感兴趣呢？"我决定以加入纽黑文队打球时的激情投入到推销员的工作中来。有一天，我进了一个店铺，用我的全部热情试图说服店铺的主人买保险。他大概从未遇到过如此热情的推销员，只见他挺直了身子，睁大眼睛，一直听我把话说完，最终他没有拒绝我的推销，买了一份保险。从那天开始，我真正地用心去做推销工作。在12年的推销生涯中，我目睹了许多推销员靠激情成倍地增加收入，同样也目睹更多人由于缺少热情而一事无成。

弗兰克·贝特格在事业上有所成就，与其说是取决于他的才能，不如说是取决于他的激情。凭借激情，他在烈日当空的环境中超常发挥；凭借激情，他说服了自己的客户，最终创造出不凡的成就。

没有什么工作是受人轻视的，也没有什么工作是你不能从中感受到乐趣的。很多人轻视和厌烦他们所从事的工作，他们可能把工作这件事看成是每天在毫无意义地敲打大石头呢！想想这样的人，他们从周一干到周五，是在做一件多么让人受折磨的事情啊。还有一些人有一种浪漫主义的想法，以为只有某些行业的工作才是有意义的，比如律师或金融工作从业人员。实际上，从工作中感受到乐趣和激情，这是一种能力，或者说是一种习惯，如果没有养成这种习惯，做什么工作可能都不会踏实。当你养成了这种习惯，做任何工作时你都能发现乐趣。希尔顿饭店的总裁曾经说过："我们饭店最普通的工作人员都热爱自己的工作，你能想象做勤杂类工作的爱因斯坦吗？如果你不能想象，那你就没有资格在这个行业里工作。"

## 用行动证明自己的实力

俗话说："说一尺不如行一寸，心动不如行动。"很多人都在考虑，成功者与失败者之间的差别到底在哪里？其实，人与人之间在智力上的差异并不如想象中的那么大。很多事情，大多数人都知道，但是，能不能做到，做的结果如何，却是千差万别。

不同的岗位有不同的职责。医生的职责是救死扶伤，军人的职责是保家卫国，教师的职责是教书育人……社会上每个人的位置不同，

职责也有所差异，但所有的岗位都有一个最起码的职业要求，那就是对自己所做的一切负责。

1920年的一天，美国一位12岁的小男孩正与他的伙伴们踢足球。一不小心，小男孩将足球踢到了附近一户人家的窗户上，一块玻璃被击碎了。

一位老人立即从屋里跑出来，大声责问是谁干的。伙伴们纷纷逃跑了，小男孩却走到老人跟前，低着头向老人认错，并请求老人宽恕。然而，老人却十分固执地要追究责任，小男孩委屈地哭了。最后，老人同意小男孩回家拿钱赔偿。

回到家，闯了祸的小男孩怯生生地将事情的经过告诉了父亲，父亲并没有因为他年龄还小而原谅他的错误，板着脸一言不发，坐在一旁的母亲为儿子说情。可父亲只是冷冷地说道："家里虽然有钱，但祸是他闯的，应该由他自己负责。"

最后，父亲还是掏出了钱，严肃地对小男孩说："这15美元是我暂时借给你赔偿人家的，不过你必须想办法还给我。"小男孩从父亲手中接过钱，飞快地跑出去赔给了老人。

从此，小男孩一边刻苦读书，一边用空闲时间打工挣钱。由于他年纪小，不能干重活，就到餐馆帮别人洗盘子、刷碗，有时还捡废品。经过几个月的努力，他终于挣到了15美元，并自豪地还给了他的父亲。

工作中，很多人总是抱怨老板没有发现他们的才能，其实是他们自己没有将才能付诸行动。他们在"心动"的环节中浪费了太多的时间，却没有在实际工作中加以展现。

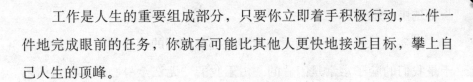

工作是人生的重要组成部分，只要你立即着手积极行动，一件一件地完成眼前的任务，你就有可能比其他人更快地接近目标，攀上自己人生的顶峰。

意大利著名的航海家哥伦布发现新大陆后不久，一次参加在西班牙举行的欢庆会。有一位贵族突然口出狂言："发现新大陆并没什么了不起，这不过是件谁都可以办到的小事，根本不值得如此张扬。"另一位贵族也附和着说："哥伦布不过就是乘着船往西走，再往西走，然后在海洋中遇到了一块大陆而已。我相信我们之中的任何人只要坐着船一直向西行，同样会有这个微不足道的发现。"

哥伦布听完几个贵族的这番"高论"之后，并没有感觉到丝毫的尴尬，而是起身很有风度地对这些人说："是的，世界上有很多事情做起来都非常容易，不过我们之间最大的差别就在于，我已经动手做了，而你却至今没有做。"

在职场中奋斗的人们都要明白："千里之行，始于足下。"谁都知道执行的重要性，可是在实践中能够真正将战略落实为行动的人却很少。

中国有句俗语叫"种瓜得瓜，种豆得豆"，你付出了多少，就能收获多少；你对工作不负责任，工作也不会给你丰盈的回报。在现代企业里，越来越需要那些敢作敢为、敢于承担责任的优秀员工，因为工作就意味着责任，就意味着对自己所做的一切负责任。

责任不是压弯人们脊梁的重担，更不是阻碍人们前行的路障。承担责任会让我们得到锻炼，积累经验，懂得如何应对人生道路上的种种考验，使我们变得更加坚强。我们承担的责任越多、越重，就能成

长得越快、越好。

事实上，我们每天的工作大多数都是例行的，或者千篇一律的，于是我们的脑子常常是闲着的。由于我们"无法全身心投入"，结果就可能因疏忽而引起错误，或者觉得工作没有乐趣，甚至苦不堪言。

我们应该努力把精力集中在某个特定的行为上，并一直持续工作到找出实现行为目标的方法，并且成功地将其付诸实际行动。我们首先要养成一定的习惯，养成积极思考和行动的习惯，习惯性的行为能使人比较容易地迎接眼前的挑战。

其次可以增加工作的难度和挑战性，通常我们的技能如果只够应付眼前的挑战，则精神专注的程度较高。要想愉快地完成一件简单乏味的工作，可行的办法就是增加这件工作的难度，不妨把沉闷的工作转变成具有挑战性的比赛，跟别人比，跟从前的自己比，这样能充分发挥自己的潜力。这种增加挑战性的方式也许能够迫使你进入理想的全神贯注的状态，因为要超越别人、超越自己，你必须全力以赴。

古时候，在一个偏远的山区住着两个人，其中一个人非常贫穷，而另一个人比较富裕。有一天，穷人对富人说："我想到海边去，您看怎么样？"富人说："我多年来一直想租条船沿着长江顺流而下，可到现在还没做到呢，你凭什么去？"穷人回答说："我只需要一个水瓶、一个饭钵就足够了。"

第二年，穷人从海边归来，把看到大海的情形告诉了富人，富人深感惭愧。

这就是行动的魅力所在。

这一则寓言故事使我们认识到一个深刻的道理：说一尺不如行一

寸。一切美好的愿望都需要我们付诸行动，没有果断的行动，那么再美好的梦想都只能是空中楼阁。

由此看来，实践是检验真理的唯一标准，也是实现目标的唯一途径，只有执行才能产生结果。任何伟大的目标、伟大的计划，最终必须落实到行动上。在现实生活中，我们要想获得人生的智慧与财富，就要亲自去实践、去行动。

## 全力以赴，对结果志在必得

结果是企业和员工生存的保障、成长的基石。只有创造结果，企业才会有利润；只有创造结果，员工才能获得报酬；只有创造结果，公司和员工才能够更好地生存。放弃了对结果的坚守，就是放弃了生存的根本。要"结果"，就必须抛弃"如果"，在激烈的市场竞争环境中，任何为失败进行的辩解都将导致没有结果。结果是个人工作成果的有力证明，鲜花和掌声只会献给那些创造出结果的人。

在优秀者身上，"没有如果，只讲结果"的意识体现出一种服从、诚实的态度，一种负责、敬业的精神，一种杰出的执行能力。他们总能出色地完成上级安排的任务，替上级解决问题，而不是找借口推托；他们总是最大限度地满足客户提出的要求，而不是找借口推诿；他们总是尽全力配合完成团队的工作，而不是找借口拒绝。

任何以"如果"开头的理由都没有价值，因为执行要的就是结果。想在竞争激烈的职场中有所发展，就必须牢记，拿出结果的人，才

是最有能力的人，不找任何借口，全力以赴取得结果才是最重要的。

有些时候我们发现，并不是员工不尽力，大家似乎都在努力地工作，但企业却实现不了预期的效果，销售量下降，质量下滑，人心浮躁，没有业绩。同样，这也是员工的疑惑：我这么努力地圆满完成了任务，为什么老板还是不满意？

其关键就是，我们没有把重点放在结果上，往往被"完成任务"迷惑了。其实在大多数情况下，对于我们想要的结果，不是办不到，而是因为我们没有强烈的责任感，没有执着地追求结果。

有这样一个故事。

一天，猎人带着猎狗去打猎。猎人一枪击中一只兔子的后腿。受伤的兔子开始拼命地奔跑。猎狗在猎人的指示下也飞奔着去追赶兔子。可是追着追着，兔子不见了，猎狗只好悻悻地回到猎人身边。猎人开始骂猎狗了："你真没用，连一只受伤的兔子都追不到！"猎狗听了很不服气地回答："我尽力而为了呀！"

再说兔子带伤跑回洞里，它的兄弟们都围过来惊讶地问它："那只猎狗很凶呀，你又带了伤，怎么能跑得过它？""它是尽力而为，我是全力以赴呀！它没追上我，最多挨一顿骂，而我若不全力地跑，那就没命了呀！"

人本来是有很多潜能的，但是我们往往会给自己或给别人找借口："管他呢，我们已尽力而为了。"事实上，尽力而为是远远不够的，尤其是在当今这个竞争激烈的年代。我们应常常问自己：我今天是尽力而为的猎狗，还是全力以赴的兔子呢？

许多管理者在谈到自己心目中的理想员工时，都特别强调要有

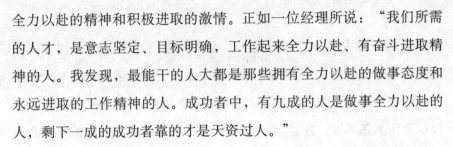

全力以赴的精神和积极进取的激情。正如一位经理所说："我们所需的人才，是意志坚定、目标明确，工作起来全力以赴、有奋斗进取精神的人。我发现，最能干的人大都是那些拥有全力以赴的做事态度和永远进取的工作精神的人。成功者中，有九成的人是做事全力以赴的人，剩下一成的成功者靠的才是天资过人。"

这是一个经常被我们忽视的事实：除了忠诚以外，管理者更看重激情和韧性。对企业忠诚的员工诚然可贵，但只有全力以赴的人，才是企业最宝贵的财富，他们总是能焕发出激情，想尽一切办法把工作做得出色。

我们发现，有许多年轻人都学有所成，颇具才学，似乎具备了成就事业的种种能力，但他们终其一生，却只能从事一些平庸的工作。有人曾说过："许多青年人的失败都可以归咎于缺乏恒心。"这种恒心的缺失让他们一旦遭遇微不足道的困难与阻力，就立刻退缩，裹足不前；或者浅尝辄止，避重就轻，这样的人怎么能够担当重任呢？

归纳起来，世界上有三种人，这三种人做事有不同的心态，所以结果也就不同。下面让我们来看一下这三种人。

一种是试试看的人。他们从不尽力去做好任何一件事，总是用怀疑的眼光去看待别人的成功，不知道他们把激情和干劲遗忘在什么地方，或者说他们从来就没有过激情和干劲。这种人永远不可能获得成功，即使成功的机会就摆在他们面前，他们也会视而不见，他们有的只是犹豫和抱怨。

另一种是尽力而为的人。"尽力而为"的背后是"有所保留"，那部分保留下来的东西看似很少，但却是最重要的。面对一项工作和任务，当我们说"尽力而为"时，实际上已经不可能期望会有出色的

表现了。

最后一种人是全力以赴的人。全力以赴意味着不惜一切代价，不达目的誓不罢休，全力以赴意味着要付出比别人多几倍的努力和艰辛。成功只偏爱全力以赴的人，正如卡耐基所说："要想获得成功，仅仅尽力而为还不够，还必须全力以赴。"全力以赴的工作态度让我们对工作具有强烈的进取心和始终如一的激情，它让我们清楚地知道自己需要的是什么，怎样才能得到以及为什么自己一定要得到。

成功属于每时每刻都全力以赴的人。

# 只有结果才能换来认可

工作中，老板常常看的是业绩，要的是结果。因此，作为一名优秀的员工应当认清自己的工作使命，做能够促进公司发展的事，把问题留给自己，把业绩留给老板。然而在工作中，只有极少数的人能够做到这一点。我们总是遇上一些"怀才不遇"的人，他们身上具备很多优秀的品质，他们也充满激情和梦想，可总是得不到老板的赏识。相反，一些看似平庸的人却获得了成功，这些"怀才不遇"的人们也常常因此而埋怨：为什么上天不垂青于我？

事实上，这些"怀才不遇"的人们只关注"我做了什么"，而不关注"我做到了什么"，他们只懂得统计自己的工作量，而不知道老板和公司真正需要的结果是什么。他们当然无法取得让老板满意的业绩，无法得到老板的常识。

　　企业对每一个工作岗位都是有要求的。老板安排你做某项工作，实际上是要求你提供给他这个工作的结果，达到这个工作的要求。但是很多人却陷入了一个心理误区：只要事做了，尽力了，就算是有业绩，至于是不是达到了公司想要的结果，那就不是自己所能控制的了。

　　在工作中要做到对任务量负责，而不是对结果负责，这是我们自己对工作价值认识上的一个误区。要知道，虽然老板不是在每一件事上都很关注结果，但作为员工应当清楚地知道，自己既然领了薪水，就应当为企业提供相应的价值。只有抱着这样的心态去理解自己的工作，才能解决好工作上的问题，完成自己的工作使命。

　　工作中有些人只看到这份工作的权限和职责要求，而看不到这个岗位背后所承载的内容和需要完成的成果，即工作使命。对工作使命认识不清导致出现这样的结果：很多员工虽然做了很多事，但仍然将一大堆问题留给了公司和老板，这就是没有处理好"做什么"与"做到什么"之间的关系。

　　正是这种认识上的差异导致了把问题留给老板和把业绩留给老板这两种行为的差异。那些清楚自己工作使命，把业绩留给老板的人比较看重贡献，他们会将自己的注意力投向公司及个人的整体业绩，而不是报酬的多少和升迁的机会。

　　那些把业绩留给老板的员工会经常自我反省：我究竟做到了什么？这有利于他们提高工作责任感，充分发掘自己具备但还没有被充分利用的潜力。相反，那些把问题留给老板的员工不懂得反省自己究竟做到了什么，他们不清楚自己的工作使命，只知道将任务完成就可以交差了。这种心态致使他们不但不能充分发挥自己的潜力，而且还很有可能把目标搞错，不但不能做出业绩，还很有可能给公司带来损失。

　　有一句话常常被一些人挂在嘴边：没有功劳也有苦劳，特别是那些能力不够的人，总喜欢说这句话。对待工作没有尽力的人，常常用这句话来安慰自己，也常常将其作为抱怨的借口。他们认为，一项工作，只要做了，不管有没有结果，就应该算成绩。在各种组织中，有不少成员存在这样的想法。当上司交给的任务没有圆满完成的时候，就会产生"没有功劳也有苦劳"的观念，觉得管理者会谅解自己的难处，会考虑自己的努力表现。但是，实际上，没有功劳的所谓苦劳不但消耗了自己的时间，还浪费了许多资源！

　　做好了，才叫"做了"。

　　这句话一针见血地指出了许多人在执行时最容易犯的错误：在干工作时，只是满足于"做"，却不重视结果，所以从表面看起来，他们整天在付出、在努力、在忙碌，但是这种忙，却是白忙、瞎忙，因为在忙碌中没有取得好的结果，没有创造价值。

　　执行的关键就在于到位，因为执行不到位，等于没执行。

　　有位企业家对此作了一个十分精彩的点评，他说："有句名言充分证明了这一点，行百里者半九十——最后的步骤不到位，前面的执行就是白执行，甚至会带来比不执行还要恶劣的后果。"

　　许多员工所做的工作，从表面上看，前期部分做得很不错，但是在执行的过程中，由于最后一个小环节没有落实到位，没有继续坚持按照标准去做，不仅让"煮熟的鸭子飞了"，而且还给单位的形象和声誉造成了不可挽回的损失。

　　我有一位学员，是一位年轻的女孩。她的第一份工作是保险销售，她很幸运，进公司不久就谈成一笔上百万元的单子，只要她把保单送到客户那里，签好合同，交上保费，这笔单子就算完成了。

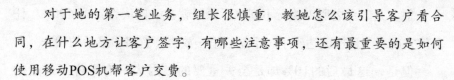

对于她的第一笔业务，组长很慎重，教她怎么该引导客户看合同，在什么地方让客户签字，有哪些注意事项，还有最重要的是如何使用移动POS机帮客户交费。

移动POS机是一种可以随时随地方便快捷地用银行卡刷卡付账的设备，因为体积小，携带起来也很方便，她们在外面签单的时候会经常使用。

为了避免出意外，组长还特意交代她，不妨先跟同事现场模拟操作一下移动POS机如何使用。虽然是第一次去签单，可她觉得这些步骤很简单，根本用不着花时间模拟，于是就自作主张省略了这一步，直接去找客户了。

刚开始的时候一切都很顺利，可就在最不该出问题的地方出现了问题，POS机打不出收费小票！

无论她怎么操作都不行，她急得手心里都冒出了汗，最后只得跟客户道歉，跑到外面给组长打电话求助，这才知道原来是少按了一个键。等她打完电话回来，客户已经改变了主意，沉着脸告诉她："我马上要开会了，下次再说吧。"

这下她彻底慌了，连忙又给组长打电话。组长立即又给客户打电话，准备解释一下，然而客户一句话就顶回去了："你不用解释了，你们的业务员连最基本的操作都那么不专业，我怎么放心把这么大的保单交给你们公司？"

就因为她成交心切，高估了自己的水平，自以为十拿九稳，不肯在每一个环节中多花点时间，这才失去了工作中第一笔大单子。

对执行的人来说，最后的10%往往是最重要的，但也恰恰是最容易被忽视的。

第十章 给出成果，落实执行

很多人做事之所以执行不到位，原因就在于自认为完成了90%，任务就完成了，目标就达到了，于是心里一放松，忽略了最后的10%。

但是，这最后的10%却是至关重要的，因为只有做好了最后的10%，成果才会显现出来。

换句话来说，如果在最后的关键时刻没把工作做精、做透，往往就会导致前功尽弃，我们不光要"做事"，还要"做成事"。

保证任务完成的另一个关键，就是必须从"做事"到"做成事"。做事并不难，人人都在做，天天都在做，难的是将事做成。做事只是基础，而只有将事做成，执行才算完成、到位。

## 做结果创造者，不做结果破坏者

如今，对任务完成结果的预期与实际效果的差别，是很多企业管理者的心病。做了并不等于做到，做是一个过程，而做到是成果。

追求结果，是一个人对工作认真负责的表现。对于结果的追求，必须要体现为做到，而不能是想一想了事。

为此，我们来看看这样一则故事：

1986年8月，刘柱到一家中日合资的制药公司担任推销员。在那里，他亲身感受到了日本企业如何要求员工去追求结果，对结果负责。

在一个小型会议上，一位经理问经营科长："我们在上海的市场开发工作做好了吗？"

科长说："都做好了。医药公司已经同意进货，一些医院的药剂科也同意买药，对医生和护士都进行了培训，他们愿意使用我们的新药品。"

经理又问："那为什么这些药还在我们的仓库里？"

科长说："那是因为天津火车站目前没有车皮把我们的药运到上海，我也没有办法。"

经理听了，立即拍着桌子站起来吼道："只要药没有及时到患者手里，就是你的事情，你必须解决问题！"

于是科长对刘柱说："咱们现在就去天津火车站要车皮。"

刘柱想：火车站又不是我家开的，哪能那么容易，想调就能调到！

科长似乎看出了他的心思，于是说："经理说得对，只要药品没有到患者手中，就是我们没有完成工作。我们去争取吧！"

后来，他们和火车站进行协商，车皮终于安排好了，药很快就运到了上海。

通过这件事情，刘柱明白了：什么叫责任感，什么叫追求结果，什么叫真正对结果负责，也真正懂得了什么叫白费辛苦，一切都要用结果说话。

微软公司有这样一则信条：信守对客户、投资人、合作伙伴和雇员的承诺，对结果负责。

事实上，一个企业的成功，一个员工的成长，都需要一种追求结果，对结果永不放弃的精神。只有企业内所有的员工都有强烈的责任感，企业才能得到理想的结果。在当今的社会，这种以结果为导向的评价标准已经成为一种共识。不论你在努力的过程中做得多么出色，如果拿不出令人满意的结果，那么一切都是白费。

的确，没有结果的付出就是在做无用功。商场中的竞争就是这么残酷无情，不论你曾经付出了多少心血，做了多少努力，如果你拿不出令人满意的结果，那么老板就会觉得你无所作为。相反，如果你取得了令人满意的结果，老板就会重视你、认同你，哪怕你的过程不够完美、不够漂亮。

责任制造结果，责任确保业绩，锁定责任才能锁定结果。对结果负责，就是对自己负责，负责到底才是真正的负责。一个能对事情的结果负责的人，肯定能够担当重任。

海尔集团有一个五层楼的材料库，这栋楼一共有2945块玻璃，如果你走到玻璃跟前仔细看，会惊讶地发现这2945块玻璃上都贴着一张小条！

小条上写着什么？原来每个小条上印着两个编码，第一个编码代表负责擦这块玻璃的人，第二个编码代表负责检查这块玻璃的人。

海尔集团在考核准则上规定：如果玻璃脏了，责任不在负责擦的人，而是负责检查的人！

这就是海尔OEC（O指全方位；E指每人、每天、每事；C指控制和清理）管理法则的典型做法。这种做法将工作分解到"三个一"，即每一个人、每一天、每一项工作。海尔冰箱的生产组装总共有156道工序，海尔精细到把156道工序分为545项责任，然后把这545项责任落实到每个人的身上。因为管理人员知道只有创造好的结果，才能出高的绩效，才能生产高质量的产品。公司要想发展、壮大，就必须用结果说话。

在海尔集团，大到机器设备，小到一块玻璃，都清楚标明事件的责任人与事件检查的监督人，有详细的工作内容及考核标准。如此形成环环相扣的责任链，实现了"奖有理、罚有据"。

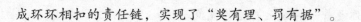

这种管理的核心是我们不再去想这个人的工作态度如何，我们要把责任锁定，即使是简单的擦玻璃工作，也要明确两个责任人，确保每个人的责任清晰化、具体化。

凡事都能做到"责任到人"，"人人都管事，事事有人管"，这就是海尔集团能够成为中国企业榜样的重要原因之一。哪怕是车间里的一扇窗户，其卫生清洁工作都有指定的员工负责，甚至还有指定的员工负责检查，更何况海尔集团的生产、销售工作？

锁定责任，才能锁定结果。好的责任分配，好的责任制度，就会创造出卓越的结果。对结果负责的人会为自己的工作切实负责，他们往往会不达成功永不懈怠，具有持之以恒的宝贵品格，具有高度的责任感，而且他们的成功大都源自一点：让一切用结果说话！

好的结果离不开管理者的高度责任感，没有责任感的人永远不会创造出好的结果。其实，一切用结果说话，让责任创造结果，是最科学的管理指导思想之一。下面这个例子就是很好的证明：

有三艘舰艇，它们出自同一家造船厂，参考的是同一份设计图纸，在6个月的时间里先后被配备到同一个战斗群中去。

分配到这三艘舰艇上的人员来源也基本相同，船员们学习同样的训练课程，并从同一个后勤基地获得补给和维修服务。

唯一不同的是，一段时间后三艘舰艇的表现却迥然不同。

其中的一艘似乎永远无法正常工作，它无法按照计划安排进行训练，在训练中表现得很差劲，船身很脏，水手的制服看上去皱皱巴巴

的，整艘船上弥漫着一种缺乏自信的气氛。

第二艘舰艇恰恰相反，从来没有发生过大的事故，在训练和检查中表现良好。最重要的是，每次任务都完成得非常圆满，船员们也都信心十足，斗志昂扬。

第三艘舰艇则表现平平。

造成这三艘舰艇不同表现的原因在哪里？有人分析后得出结论：因为舰上的指挥官和船员们对责任的看法不一，表现最好的舰艇是由责任感强的管理者领导的，而其他两艘则不是。

一段时间后，这三艘舰艇都面临着同样的设备、人员和操作问题。

表现最出色的舰艇上的人员秉持的责任观是无论出现什么问题，都要达到预期的结果。而表现不佳的指挥官却总是急于寻找借口，如"发动机出问题了"，或者是"我们不能从维修中心得到需要的零件"。

同样的情况在连锁企业中也出现过，每一个特许经营的授权人都会告诉你，连锁经营这种模式最令人不可思议的一点，就在于每个连锁店的经营状况都不一样。

可他们无法解释，为什么两个处在类似位置，拥有相同的运营系统、市场策略、设备、技术和市场定位的连锁店，其经营结果却大相径庭。

表现不好的连锁店常常会把责任推到单店位置、个别店的特殊性或者本地区客户的态度上。但是，在任何一个具备一定规模的连锁企业网络中，你总能发现一家虽然坐落位置比较差，却经营得很出色的店。

成功的管理者一定是负责任的管理者。他们关注结果，并想尽一切办法去获得结果，他们只关心结果，对找借口不感兴趣。他们只在意是否做成了正确的事情，而不愿意为花费精力和资源却没能带来积极结果的事情找理由。所以我们要做结果的创造者，用结果来说话。

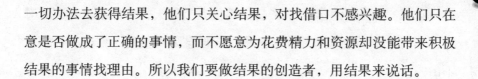

## 对结果负责，而不是对任务负责

我们先来看台湾著名作家刘墉教育女儿的故事。

有一天，刘墉和女儿一起浇花。女儿很快就浇完了，准备出去玩。刘墉叫住了她，说："你看看爸爸浇的花和你浇的花有什么不一样？"女儿看了看，觉得没有什么不一样。于是刘墉将女儿浇的花和自己浇的花都连根拔了起来，女儿一看，脸就红了，原来爸爸浇花的水都已经浸透到了根上，而自己仅仅是将表面的土淋湿了。

刘墉语重心长地教育女儿，做事不能只做表面功夫，一定要做彻底，做到"根"上。

执行其实也和浇花一样，如果只是简单地做事，不用心、不细致、不看结果，只是敷衍了事，那就等于是在浪费时间，做了跟没做一样。

只关注做事，而不是做成事，这样的现象并不少见。很多人看起来一天到晚都很忙，似乎有做不完的事，但是忙而无效，事情都没有结果。

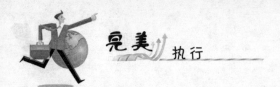

如果一个企业生产出来产品，销售人员每天忙着推销，却不看对象、不问方法，看起来是在"做事"，但结果可能是一件产品都销售不出去。

如果懂得"做事"只是基础，"做成事"才是目的，就会想办法，既看过程又看结果——不仅要推销了，而且要全都推销出去。

只做事而不是做成事，对任何单位和企业的发展来说都是致命的，而且会培养出一支人心涣散、没有思考能力和动手能力的团队。

要想从"做事"到"做成事"，首先要做到的是任务一旦明确，就必须做成，不允许用任何借口和理由来拖延。另外，要善于变通，用智慧保证执行的完成。

任务完成，必须达到三个标准：按时、保质、保量，三者缺一不可。

按时就是在规定的时间内完成任务，绝不拖延；保质就是要保证质量，不能偷工减料；保量就是必须达到规定的数量，少一个都不行。

我们不妨看一下上海著名的锦江饭店是如何根据这三大标准来确保完成任务的。


1977年11月的一天，锦江饭店突然接到一项紧急任务。

"有一个国外考察团一行75人，由于天气原因，专机难以在北京降落。经协商，决定改在上海着陆，现在专机正向上海飞来，两小时后到达，请立即做好迎接准备！"

只有两小时，时间非常紧迫，但一点都马虎不得，不能出任何差错，该怎么保证圆满完成接待任务呢？

当时的经理一放下电话，第一件事就是组织接待班子，他召集得力干将开会，指示所有工作必须在两小时之内完成。

"大家听清楚了，两小时后车队就要到达饭店，所以我们的准备工作必须在120分钟之内完成。这么庞大的国宾队伍需要75套客房、由100辆轿车组成的迎宾车队和供两百人用膳的国宴……这一切必须在两小时内按时、保质、保量完成！"

命令一下，全体员工一起行动。在距离外宾到达还有十分钟时，经理带队逐一检查验收，他先来到客房，推开房门，仔细打量，只见地上、四壁、房顶均一尘不染，床面和毛毯都很平整。他点了点头，又审视了一下床头的插花，只见那些花枝枝含苞待放、造型新奇、典雅大方。当检查完所有的客房，看到服务员已微笑着各就各位，准备迎接贵宾时，经理满意地笑了。这时，厨师长也通过电话报告：厨房一切准备就绪。经理看了一下表：离外宾到达还差5分钟。当所有准备工作都已就绪时，经理接到电话：国宾车队已到达淮海路与茂名路交叉口，两分钟后将进入客房。"

国宾团队入住锦江饭店后，对饭店各方面的服务非常满意，赞不绝口。到那一刻，经理悬着的心才算放了下来。事后他说："接待外国元首和贵宾大抵都是如此紧张，一般这样的接待任务都有如下几个特点：规格高、任务急、时间紧，因此要求大家像打仗一样，而且必须神速。"

仅仅用两小时，就完成了如此高规格接待任务的准备工作，对任何一家饭店来说都是极大的考验。如果没有"一切行动听指挥"的团队精神，没有每个人"按时、保质、保量"完成任务的高度责任感，要完成这样的任务，想做到万无一失是不可能的。

"按时、保质、保量"是确保完成任务的核心。这三大标准不仅

仅要成为制度，成为单位和企业的文化，更要刻进每个员工的心里。这样一来，不管接到什么任务，员工都会自觉地对时间、质量和数量进行规划，然后有节奏、有步骤地执行，保证任务的完成。

追求结果，执行到位！

任何一个激动人心的口号、理念和想法，如果不付诸实践取得成效，都是妄谈。环视我们身边，有不少组织，他们对于每一种流行的管理方法都认真学习、积极采纳，可是在实际结果上并没有多大的改进和提高。究其原因，就是他们虽然在思想上有清醒的认识，可是到了执行环节，往往却大打折扣。对于领导者来讲，整个组织成功的关键就是以"追求结果"为向导，而不是把目光局限在完成任务上。完成任务不等于有结果，我们真正需要的是结果而不是行为。结果是目标，行为是手段。执行到位永远只有一个主题，就是要有结果，而不是要完成任务。没有结果的努力是无用功，没有结果，意味着我们将回到起点，一切从零开始。我们靠结果生存。当事情都做完了，你有一千个、一万个理由都不重要，重要的是这件事情的结果是什么！

在工作中，我们要懂得一个基本的道理：对工作结果负责，就是对我们工作的价值负责，而对某项任务负责，只是对工作的程序负责，完成任务不等于获得结果！

请大家记住，组织迫切追求的是结果，也就是员工的劳动结果，而不是劳动！你的努力过程是不直接体现价值的，只有努力的结果才有价值，也就是说，功劳是价值，苦劳却不是价值！如果要打造一个具有强大执行力的团队，如果要成为优秀的执行到位的人才，那么请记住，执行到位永远都只有一个标准：执行要有结果，而不仅仅是完成任务！

## 只有专注于结果，才能走向成功

如果你在做某件事情前就设定两个或两个以上的目标，那就等于没有设定目标。集中精力做好一件事，通常更容易取得成功。

你在只有一只手表的情况下，可能知道是几点，如果你同时拥有两只或两只以上的手表，你就无法确定是几点了。两只手表并不能告诉你更准确的时间，反而会让你无法判断时间，这就是手表定律。

手表定律给我们这样的启示：做事情前，我们不能同时设定两种不同的目标，否则便会不知如何下手，感到无所适从。

杰克·韦尔奇就曾对他的属下说："不要把目标定得太高、太多，这样会近乎于妄想。没有人会耻笑你，而是你自己磨灭了成功的可能。不妨将工作目标设得近点，近了才有百发百中的把握。"

曾有人问爱迪生："您认为成功的第一要素是什么？"

爱迪生回答说："能把你身体与心智的能量锲而不舍地运用在同一个问题上而不会厌倦的能力。你整天都在做事，不是吗？所有人都是这样。如果你早上7点起床，晚上11点睡觉，你工作了整整16个小时。对大部分人来说，他们肯定是一直在做一些事，但区别在于，他们做很多事，而我却一直只做一件事。"

那些有经验的园丁，会毫不犹豫地剪去一部分能开花结果的枝条，这看似非常可惜，其实是为了让树木早日成材，或为了结出更

多更优质的果实。

任何一个人，若想出色地完成任务，拥有成就感，就得挥刀斩去各种各样的困扰。就像很多失败者，他们不是没有才能，而是不能专注做同一件事情。如果把那些私心杂念全部剪除，下定决心把所有的精力集中在一件事上，将来他们肯定会惊讶地看到成功之花竟会如此娇艳。

美国纽约一家公司在招聘雇员时，特别注重考察应聘者专心致志的工作态度，总裁通常会在应聘者通过各种测试后，负责最后一关的考核。

现任经理莱恩在回忆当初应聘时的情景说："那是我一生中最重要的一个转折点，一个人如果没有专注工作的能力，那么他就无法抓住成功的机会。"

事情虽然过去好久了，但莱恩依然清楚地记得，那天面试时，公司总裁找出一篇文章对他说："请你把这篇文章一字不漏地读一遍，最好能一刻不停地读完。"说完，总裁就走出了办公室。

莱恩想："不就是读一遍文章吗？这太简单了。"他深呼吸一口气，开始认真地读起来。过了一会儿，一位漂亮的金发女郎款款而来，"先生，休息一会吧，请用茶。"她把茶杯放在茶几上，冲着莱恩微笑着，莱恩好像没有听见也没有看见似的，还在继续读。

又过了一会儿，一只可爱的小猫伏在了他的脚边，用舌头舔他的脚踝，他只是本能地移动了一下他的脚，丝毫没有改变他的阅读速度，甚至不知道有只小猫在他脚边。

那位漂亮的金发女郎又飘然而至，要他帮忙抱起小猫，莱恩还在大声地读，根本没有理会金发女郎的话。

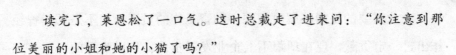

读完了，莱恩松了一口气。这时总裁走了进来问："你注意到那位美丽的小姐和她的小猫了吗？"

"没有，先生。"

总裁又说道："那位小姐可是我的秘书，她请求了你几次，你都没有理她。"

莱恩很认真地说："你要我一刻不停地读完那篇文章，我只想如何集中精力去读好它，这是考试，关系到我的前途，我没必要关心一些对我没用的事情。"

总裁听后，满意地点了点头："小伙子，你表现不错，你被录用了！在你之前，已经有10个人参加过这项测试，可没有一个人合格。"他接着说："在纽约，像你这样有专业技能的人很多，但像你这样专注工作的人太少了！你会很有前途的。"

果然，莱恩进入公司后，靠自己的业务能力和对工作的专注，很快就被总裁提拔为经理。

现在大部分公司都实行岗位薪酬制，除一定数额的基本工资外，其余诸如奖金、提成等完全取决于个人工作业绩，业绩高则收入高，否则就只能是拿底薪。

所以作为一名员工，无论你曾经付出了多少心血、做了多大努力，也不管你学历有多高、工作年限有多长、人品是如何高尚，只要你拿不出业绩，那么老板就会觉得他付给你薪水是在浪费金钱，你的结局也就不言自明。

现实就是如此，千万不要因此而责怪老板和企业薄情寡义。作为一个员工，必须把努力创造业绩当作神圣的职责和光荣的使命，因为业绩才是自己最有力的证明。

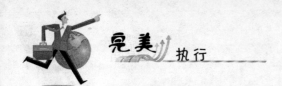

企业需要的是能够解决问题、勤奋工作的员工，而不是那些曾经作出过一定贡献，现在却跟不上企业发展步伐、自以为是的员工。在这个凭实力说话的年代，讲究"能者上，庸者下"，没有哪个老板愿意拿钱去养一些无用的闲人。

企业要想永远保持创业时那种充满活力的状态，就需要让每一个"细胞"都充满活力。

在海尔集团，业绩决定一切。其实，在任何一家公司，业绩都是考核员工的重要标准之一。

在美国通用电气公司，业绩观在其核心价值观中占有十分重要的地位。通用电气公司特别重视对员工业绩观的培养。

新员工进入通用电气公司后，公司管理者会在培训时告诉他们：业绩在通用电气中非常重要。在通用电气，所有员工无论是来自哈佛大学等名校，还是来自不知名的学校，也无论在其他公司是否有过多么出色的工作表现，一旦进入通用电气，都站在同一条起跑线上。每个员工必须重新开始，从进入通用电气开始，衡量员工优劣的标准是他在通用电气的业绩，为通用电气所作的贡献。员工现在及今后的表现比他过去的表现更重要。

在通用电气，员工的升迁不是论资排辈，而是根据业绩和才能来决定的。才华突出的人很容易就能找到自己的用武之地，一夜之间连升三级早已不是什么稀奇事。杰克·韦尔奇本人当上首席执行官时年仅44岁，只因其业绩出众。

杰夫·伊梅尔特在负责通用电气医疗系统的工作时，曾经有一年业绩不太好。通过一段时间的考察后，杰克·韦尔奇告诉他："我们都很喜欢你，也相信你的能力，但如果明年你的业绩还这么不好，我

们就必须采取行动了。"

　　当时杰夫·伊梅尔特回答道："如果结果不尽如人意，您不需要亲自来辞退我，因为我自己会离开的。"第二年，杰夫·伊梅尔特的业绩又上去了，并且越来越突出，通用电气公司也给了他相应的回报——职位逐级高升。在通用电气公司，这种例子不胜枚举。

　　身为一名员工，必须懂得"没有苦劳，只有功劳"这个道理，这是现代企业的生存法则。资历不是能力，我们不能靠资历吃饭，否则，职场之路将越走越窄。相反，如果你在工作的每一阶段总能找出更有效率的办事方法，你就能不断提升自己，就能被委以重任，成为企业不可或缺的人才。